国家级教学团队
东北财经大学财务管理专业配套教材

王满 程廷福 主编

财务管理基础
习题与案例

Foundations of Financial Management: Exercises and Cases

第3版

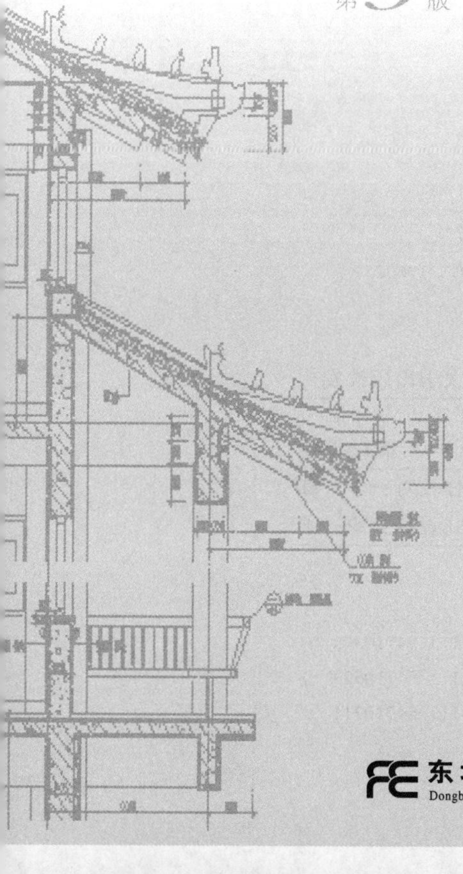

东北财经大学出版社 Dongbei University of Finance & Economics Press 大连

图书在版编目（CIP）数据

财务管理基础习题与案例 / 王满，程廷福主编. —3版. —大连：东北财经大学出版社，2022.7

（东北财经大学财务管理专业配套教材）

ISBN 978-7-5654-4470-8

Ⅰ. 财… Ⅱ. ①王… ②程… Ⅲ. 财务管理-高等学校-教学参考资料 Ⅳ. F275

中国版本图书馆CIP数据核字（2022）第031816号

东北财经大学出版社出版

（大连市黑石礁尖山街217号 邮政编码 116025）

网 址：http://www.dufep.cn

读者信箱：dufep@dufe.edu.cn

大连永盛印业有限公司印刷 东北财经大学出版社发行

幅面尺寸：170mm×240mm 字数：152千字 印张：8

2022年7月第3版 2022年7月第1次印刷

责任编辑：高 铭 吴 茜 责任校对：李 栋

封面设计：冀贵收 版式设计：原 皓

定价：28.00元

教学支持 售后服务 联系电话：（0411）84710309

如有印装质量问题，请联系营销部：（0411）84710711

第 3 版前言

本次编写的《财务管理基础习题与案例》是东北财经大学财务管理专业系列教材《财务管理基础》[①]的配套辅导书。本书的章节与主教材的章节完全一致，所提供的内容也与主教材的知识点相对应，既便于学生通过练习理解本课程的基本内容，提高学生独立分析问题和解决问题的能力，也为教师确定财务管理基础的教学重点提供了相应的参考。

本书各章的具体分工如下：第1章和第8章由程廷福副教授撰写，第2章、第5章、第6章和第10章由王满教授撰写，第3章和第4章由任翠玉教授撰写，第7章由宋淑琴教授撰写，第9章由罗菲副教授撰写。王满教授对全书进行了必要的修改、补充和总纂。

本书在编写过程中得到了许多同行的关注和帮助，也得到了东北财经大学出版社的大力支持，借本书出版之际，一并表示衷心的感谢。

由于我们的水平有限，书中难免有不当或错误之处，恳请读者批评指正。

编　者

2022年3月

---

① 王满，程廷福．财务管理基础［M］．3版．大连：东北财经大学出版社，2022.

目　录

第1章 财务管理概述

一、单项选择题

1.财务关系揭示了财务的（　　）。

A.内在本质　　B.形式特征

C.运动规律　　D.内容范畴

2.企业与国家政府部门之间的财务关系是（　　）。

A.弹性的　　B.强制性的

C.指导性的　　D.冲突性的

3.财务管理利用的主要形式是（　　）。

A.使用价值　　B.实物量

C.价值　　D.劳动量

4.下列中不属于财务管理内容的是（　　）。

A.生产管理　　B.筹资管理

C.投资管理　　D.分配管理

5.现金流转不平衡的外因是（　　）。

A.盈利　　B.竞争

C.亏损　　D.扩充

6.财务管理工作环节中居于核心地位的是（　　）。

A.财务预测　　B.财务预算

C.财务决策　　D.财务控制

7.无力偿还到期债务是企业终止的（　　）。

A.根本原因　　B.直接原因

C.间接原因　　D.内在原因

8.没有考虑投入与产出之间关系的是（　　）。

A.每股盈余　　B.股东财富

C.利润　　D.企业价值

9.经营者背离股东目标，其条件是双方的（　　）。

A.信息不对称　　B.身份不同
C.追求不同　　D.地位不同

10.财务主体假设明确了财务管理工作的（　　）。
A.时间范围　　B.空间范围
C.内容范围　　D.职能范围

11.货币时间价值应用强调（　　）。
A.晚收　　B.早付
C.早付晚收　　D.早收晚付

12.规模小、经营品种单一的企业适合的财务体制是（　　）。
A.集权式　　B.分权式
C.混权式　　D.事业部式

二、多项选择题

1.财务管理工具包括（　　）。
A.时间价值　　B.风险价值
C.现金流量　　D.资本成本
E.产品成本

2.财务经理应具备的能力有（　　）。
A.沟通能力　　B.协调能力
C.适应能力　　D.舞弊能力
E.抗压能力

3.财务管理假设包括的内容有（　　）。
A.主体假设　　B.持续经营假设
C.理性假设　　D.内容假设
E.观念假设

4.货币时间价值原则强调的两个重要概念是（　　）。
A.现值　　B.终值
C.早收晚付　　D.早付晚收
E.早收早付

5.因代理问题而产生的代理成本包括（　　）。
A.激励成本　　B.监督成本
C.资本成本　　D.产品成本
E.交易成本

6.计算企业价值时涉及的参数包括（　　）。
A.现金流量　　B.折现率
C.折现期　　D.账面价值

E.每股盈余

7.下列各项中不属于财务管理工作环节的是（　　）。

A.财务预测　　B.财务预算

C.财务决策　　D.财务估价

E.财务平衡

8.现金流转不平衡的内因是（　　）。

A.盈利　　B.亏损

C.扩充　　D.竞争

E.经济波动

9.财务管理的特点包括（　　）。

A.对立性　　B.有效性

C.侧重性　　D.综合性

E.协调性

10.下列各项中不属于财务活动的是（　　）。

A.生产活动　　B.销售活动

C.筹资活动　　D.投资活动

E.分配活动

三、判断题

1.企业财务就是财务活动或者财务关系。（　　）

2.财务管理是利用价值形式进行的管理活动。（　　）

3.营运资本管理既包括流动资产又包括流动负债。（　　）

4.现金流转的形式与资产的形态是匹配的。（　　）

5.每股盈余最大化没有考虑投入与产出的关系。（　　）

6.经营者背离股东目标的表现是道德风险和逆向选择。（　　）

7.目的性是财务主体最主要的特征。（　　）

8.收支动态平衡是指一定时期总量上的平衡。（　　）

9.财务经理的基本职责是为公司及利益相关者创造价值。（　　）

10.财务政策一经确定应保持长期不变，以体现稳定性。（　　）

四、简答题

1.财务经理应掌握哪些理财工具？

2.财务人员的理性行为是如何体现的？

3.企业价值最大化作为财务目标的理由是什么？

4.现金流转有哪两种形式？其特点是什么？

5.财务活动包括哪些主要内容？

五、论述题

1.构建和谐财务，企业应处理好哪些方面的关系？

2.怎样正确处理企业目标与财务管理的关系？

六、案例分析题

好的企业与伟大的企业：两种境界

“一个好的企业能为顾客提供优质的产品和服务，而一个伟大的企业不仅能为顾客提供优质的产品和服务，还竭尽全力使这个世界变得更美好。”

这是在中国第五届福特汽车环保奖颁奖典礼上，福特汽车董事长兼首席执行官比尔·福特的致辞里的第一句话。作为历史悠久的汽车企业，福特公司一直在追求企业与社会的和谐发展，而严格遵守企业的社会职责是这家企业成功的经验所在。

比尔·福特认为，伟大的公司在经营时会遵循两个底线：一个是财务方面的，另一个是社会方面的。一个好的财务底线是通过有效地生产人们所需的高价值、高质量的产品实现的，而一个好的社会底线是通过以遵守道德规范的形式雇用员工来实现的。

一家咨询公司对23个国家的调查表明，普遍的认识是将产品有益于健康和安全、生产过程要保护生态环境，以及不雇用童工作为企业必须履行的社会责任。在被调查者中，2/3的公民要求企业谋求利润、纳税、守法的同时，还要履行社会责任。1/5的消费者表示他们都是有道德的消费者，要求企业也遵守社会道德，并表示拒绝购买不履行社会责任的企业的产品和服务。

问题：利润最大化目标的实现是否与企业履行社会责任相互冲突？

第2章 财务管理环境与组织

一、单项选择题

1.财务管理环境的哪种特点为企业适应环境、利用环境提供了条件。（　　）

A.综合性　　B.相对稳定性

C.动态性　　D.复杂性

2.在下列环境中，哪一个是影响财务管理最为主要的外部环境因素。（　　）

A.金融市场环境　　B.法律环境

C.经济环境　　D.政治环境

3.以下哪一项是影响财务管理的金融因素之一。（　　）

A.经济周期　　B.利息率

C.企业组织税收法规　　D.经济政策

4.在下列各项环境中，影响企业长短期资金转换的是（　　）。

A.金融市场环境　　B.法律环境

C.经济环境　　D.政治环境

5.如果资本市场是完全有效的，下列表述中不正确的是（　　）。

A.股价可以综合反映公司的业绩

B.运用会计方法改善公司业绩可以提高股价

C.公司的财务决策会影响股价的波动

D.在证券市场上，购买和出售金融工具的交易的净现值等于零

6.在经济运行中，将周期性出现的经济扩张与经济紧缩交替更迭、循环往复的一种现象称为（　　）。

A.经济周期　　B.宏观经济政策

C.经济环境　　D.经济发展水平

7.以下（　　）是指在信用活动中产生的、能够证明债权债务关系并据以进行货币资金交易的合法凭证，对债权债务双方所应承担的义务与享有的权利均具有法律效力。

A.金融市场　　B.金融工具

C.金融机构　　D.金融市场主体

8.依据利率之间的变动关系，利率可以分为（　　）。

A.固定利率和浮动利率　　B.名义利率和实际利率

C.基准利率和套算利率　　D.市场利率和法定利率

9.下列应对通货膨胀风险的各种策略中，错误的是（　　）。

A.进行长期投资　　B.签订长期购货合同

C.取得长期借款　　D.签订长期销货合同

10.以下哪一项不属于公司内部财务管理环境。（　　）

A.内部规则制度　　B.组织结构

C.治理结构　　D.经济周期

11.在经济周期的不同阶段，企业应该采取不同的财务管理战略，以下说法不正确的是（　）。

A.在复苏和繁荣阶段，都应该增加劳动力

B.在衰退和萧条阶段，都应该削减存货

C.在衰退阶段，应该出手多余设备，停止长期采购

D.处于衰退期的企业在制定收益分配政策时，应当优先考虑企业积累

12.按照范围大小对财务管理环境进行分类，财务管理环境可以分为（　　）。

A.宏观财务管理环境和微观财务管理环境

B.内部财务管理环境和外部财务管理环境

C.可控财务管理环境和不可控财务管理环境

D.政治、经济、法律、技术和社会环境

13.依据文化的固有性质及其与社会的关系，影响财务管理的文化可以分为社会文化和（　　）。

A.专业文化　　B.制度文化

C.企业文化　　D.精神文化

14.企业财务机构的具体名称一般视下列哪一项的具体情况而定。（　）

A.企业的行业特征　　B.企业的组织形式

C.企业的规模大小　　D.企业对财务工作的重视程度

15.在一般工商业企业中，负责筹资、投资、运营、分配等活动相关决策的部门是（　　）。

A.总经理办公室　　B.财务部

C.会计部　　D.企业管理部

二、多项选择题

1.在下列各项环境中，影响企业财务管理的环境因素有（　　）。

A.金融市场环境　　B.政治环境

C.文化环境　　D.经济环境
E.法律环境

2.财务管理环境具有（　　）特征。
A.复杂性　　B.不确定性
C.动态性　　D.综合性
E.差异性

3.在下列各项中，属于企业财务管理的法律环境内容的有（　　）。
A.金融市场　　B.公司法
C.金融工具　　D.税收法规

4.在不存在通货膨胀的情况下，利率的组成因素包括（　　）。
A.违约风险贴补率　　B.纯利率
C.到期风险贴补率　　D.通货膨胀贴补率
E.流动风险贴补率

5.下列属于金融中介机构的有（　　）。
A.保险公司　　B.商业银行
C.会计师事务所　　D.证券交易所

6.国家的宏观经济调控政策包括（　　）。
A.土地政策　　B.货币政策
C.信贷政策　　D.财政政策
E.税收政策

7.下列关于金融市场功能的说法中，正确的有（　　）。
A.资本融通功能和价格发现功能是金融市场的两个基本功能
B.风险分配功能是指在资本融通的过程中，同时将实际资产预期现金流的风险重新分配给资本提供者和资本需求者
C.金融市场为政府实施宏观经济的直接调控提供了条件
D.金融市场具有节约信息成本的功能

8.法律环境对企业的影响范围包括（　　）。
A.企业组织形式　　B.企业日常经营
C.公司治理结构　　D.投资活动
E.收益分配

9.经济周期包括哪几个阶段？（　　）
A.复苏　　B.平稳
C.繁荣　　D.衰退
E.萧条

10.影响财务管理活动的一切经济因素的总和被称为财务管理的经济环境，包括（　　）。

A.经济管理体制
B.经济政策
C.经济周期
D.通货膨胀
E.经济发展水平

11.会计工作组织的内容包括（ ）。

A.会计机构的设置
B.会计规范的制定与执行
C.会计人员的配备
D.会计人员的培训
E.会计档案的保管

12.《中华人民共和国会计法》规定会计人员的主要职责有（ ）。

A.进行会计核算
B.会计监督
C.投融资决策
D.保管会计资料
E.进行商业谈判

13.金融机构的财务管理有其自身特点，而银行和非银行金融机构的财务管理又存在差异，其中非银行金融机构包括（ ）。

A.证券公司
B.保险公司
C.信托投资公司
D.基金公司
E.理财公司

14.非营利组织的财务岗位主要包括（ ）。

A.预算管理员
B.收入管理员
C.支出管理员
D.工资与福利支出管理员
E.财务分析员

15.会计法规包括（ ）。

A.企业财经制度
B.会计准则
C.会计法
D.会计制度
E.其他相关法规

三、判断题

1.对于大多数企业来讲，其所处的外部财务环境可能是相同的，并且各企业内部的财务管理环境也基本相似。（ ）

2.组织结构通过影响企业信息流的传递、工作动机以及工作有效性等来影响企业的财务管理活动。（ ）

3.事业部制组织结构强调跨职能协调，责任明确，沟通环节清晰，同时拥有直线职能式组织结构的专业优势。（ ）

4.在影响企业财务管理活动的环境因素中不包括社会文化环境。（ ）

5.金融机构的经营对象为金融资产，其业务与一般工商企业的核心业务不同，因而其财务组织的特点也有所不同。（ ）

6.财务管理环境决定了企业的财务管理活动，但财务管理活动无法改变企业所

处的财务环境。（　　）

7.财务管理的动态环境是指处于不断变化中的能够对企业财务管理产生影响的各种因素。由于这类因素变化性强、可预见性差，企业无法采取措施对其加以应对。（　　）

8.企业内部环境的特点将决定理财活动的特点以及财务决策如何制定。（　　）

9.由于财政政策会对企业的财务管理产生一定影响，当国家实施紧缩性的财政政策时，企业筹资会相对困难，这时企业必须尽可能地利用自有资金。（　　）

10.通货膨胀的主要表现之一是物价上涨，这对消费者十分不利，但是对企业的财务管理而言影响不大。（　　）

四、简答题

1.什么是财务管理环境？财务管理环境有哪些分类？

2.财务管理环境具有哪些特征？

3.请简述市场竞争环境的几种类型及特点。

4.财务管理的经济环境包括哪些？

5.请描绘一般工商企业中的财务组织机构设置图。

五、论述题

1.论述财务管理环境的变化对企业财务管理的影响。

2.论述在一般情况下，大中型企业的财务管理组织机构是如何设立的。其中，重要管理人员的职责是什么？

第3章 金融市场与金融工具

一、单项选择题

1.按资金的偿还期限划分，金融市场可分为（　　）。

A.一级市场和二级市场　　B.同业拆借市场和长期债券市场

C.货币市场和资本市场　　D.股票市场和债券市场

2.下列属于短期资金市场的是（　）。

A.债券市场　　B.资本市场

C.票据市场　　D.股票市场

3.在证券交易所内进行的交易称为（　　）。

A.场内交易　　B.场外交易

C.柜台交易　　D.三级市场交易

4.在下列金融工具中，属于间接融资工具的是（　　）。

A.可转让大额定期存单　　B.公司债券

C.股票　　D.政府债券

5.某公司发行债券筹资，债券面值为100元，5年偿还，每年付息一次，票面年利息为12元，债券当前的市场价格为96元，则其即期收益率是（　　）。

A.12%　　B.12.5%

C.13.3%　　D.13.17%

6.在下列各项中，不属于衍生金融工具的是（　　）。

A.期货　　B.期权

C.金融互换　　D.基金

7.在下列各项中，属于金融市场投资者的是（　　）。

A.资金需求者　　B.资金管理者

C.资金供应者　　D.资金融通者

8.已在证券交易所上市的证券在证券交易所之外进行交易时所形成的市场是（　　）。

A.一级市场　　B.二级市场

C.三级市场　　D.四级市场

9.属于在长期金融市场上进行交易的金融工具是（　　）。

A.商业票据　　B.银行票据

C.国库券　　D.不动产抵押贷款

10.下列属于直接融资金融工具的是（　　）。

A.大额可转让定期存单　　B.人寿保险单

C.支票　　D.公司债券

11.市场可以分为公开市场和议价市场，其划分的标准是（　　）。

A.交割方式　　B.交易者需求

C.达成交易　　D.价格确定机制

12.不属于证券市场基本职能的是（　　）。

A.筹措资金　　B.国有企业转制

C.资本定价　　D.资本配置

13.在下列各项中，属于短期金融工具的是（　　）。

A.债券　　B.股票

C.长期贷款工具　　D.国库券

14.在下列各项中，不属于原生金融工具的是（　　）。

A.商业票据　　B.债券

C.基金　　D.期权

15.投资者买卖已经发行的各种证券时所形成的市场是（　　）。

A.一级市场　　B.二级市场

C.三级市场　　D.四级市场

16.根据预期理论，当人们预期未来的短期利率将上升时，则（　　）。

A.长期利率高于短期利率　　B.长期利率低于短期利率

C.长期利率等于短期利率　　D.无法确定二者的关系

17.名义利率在借贷期限内随市场资金供求关系和物价水平的变化而定期调整的利率是指（　　）。

A.市场利率　　B.基准利率

C.官定利率　　D.浮动利率

18.一项负债，到期日越长，债权人承受的不确定因素就越多，承担的风险也就越大，为弥补这种风险而增加的利率水平是（　　）。

A.变现力溢酬　　B.违约风险溢酬

C.通货膨胀补偿率　　D.到期风险报酬

19.无论是投资者还是发行者都有期限偏好，持有该种观点的理论是（　　）。

A.期限选择与流动性升水理论　　B.预期理论

C.分割市场理论　　D.优先置产理论

20.在整个利率体系中起核心作用并能制约其他利率的基本利率是（　　）。
A.官定利率　　B.固定利率
C.基准利率　　D.市场利率

二、多项选择题

1.金融市场的功能主要表现为（　　）。
A.合理地分配资金　　B.实现分散风险的功能
C.满足资金的筹措与投放　　D.有效地实施宏观调控
E.合理地引导资金
2.按金融交易的交割期限可以把金融市场划分为（　　）。
A.即期市场　　B.货币市场
C.长期存贷市场　　D.远期市场
E.资本市场
3.在下列各项中，属于金融市场参与者的有（　　）。
A.居民个人　　B.商业性金融机构
C.政府　　D.企业
E.中央银行
4.在下列金融工具中，没有偿还期限的是（　　）。
A.永久性债券　　B.银行定期存款
C.股票　　D.短期国债
E.商业票据
5.在下列各项中，属于金融市场构成要素的有（　　）。
A.交易主体　　B.交易对象
C.交易工具　　D.交易方式
E.价格机制
6.下列有关证券流通市场组织方式的说法，正确的有（　　）。
A.场内交易包括证券交易所交易和柜台交易
B.场外交易是指在证券交易所以外进行的交易
C.场外交易是一种有形市场
D.证券交易所在二级市场上处于核心地位
E.场外交易是二级市场的基础与主体
7.在下列各项中，属于货币市场的主要有（　　）。
A.股票市场　　B.同业拆放市场
C.债券市场　　D.国库券市场
E.短期存放款市场
8.在下列各项中，属于金融工具基本特征的是（　　）。

A.期限性　　B.收益性
C.流动性　　D.风险性
E.计划性

9.利率的组成部分包括（　　）。
A.纯利率　　B.通货膨胀补偿率
C.市场利率　　D.风险报酬率
E.变现力溢酬

10.证券到期时的利息或收益与到期期间二者的关系可能会（　　）。
A.短期利率高于长期利率　　B.长短期利率波动一致
C.短期利率低于长期利率　　D.短期利率一直等于长期利率
E.短期利率与长期利率无关系

三、判断题

1.有价证券从发行者手中转移到投资者手中，这类交易属于二级市场交易。（　　）

2.一级市场是现有证券的交易市场，二级证券市场是新证券的发行市场。（　　）

3.间接融通是以金融机构为中介进行的资金融通。（　　）

4.一般而言，金融资产的风险性与收益性成正向关系，与流动性成反向关系。（　　）

5.货币市场金融工具具有期限短、风险高、流动性强、收益率低等特点。（　　）

6.在现实中，所谓金融工具的即期交割往往并非马上进行，而是指在一定的期限内进行。（　　）

7.在公开市场上，通过买卖双方公开竞价的方式确定成交价格，所遵循的规则是：价格优先，数量优先。（　　）

8.一般而言，当利率上涨时，金融资产的市场价格将会下跌；当利率下跌时，金融资产的市场价格将会上涨。（　　）

9.基准利率是指由政府金融管理部门或中央银行确定的利率，在一定程度上反映了非市场的强制力量对利率形成的干预，是国家实现宏观经济调控目标的重要政策手段。（　　）

10.如果收益率曲线向上方倾斜，表明长期利率大于短期利率。（　　）

四、简答题

1.什么是初级市场？什么是二级市场？简述二者之间的关系。

2.简述金融工具的特征。

3.货币市场与资本市场有什么区别？请列出其主要工具。

4.风险报酬率包括哪几部分？

五、论述题

论述金融市场在经济运行中的功能。

六、案例分析题

做债的懵了！45家债券违约超1 200亿元①

近期债市违约频现，其中河南煤炭国企永煤集团突然违约，让市场一片愕然。这些出现违约的发行人后期还有哪些债券需兑付，值得关注，毕竟这些债券再度违约的概率较大。2020年11月10日，永煤集团公告称，因流动资金紧张，截至2020年11月10日终，该公司未能按期筹措足额兑付资金，“20永煤SCP003”已构成实质性违约。

“20永煤SCP003”发行于2020年2月12日，发行金额为10亿元，利率为4.39%，发行期限不超过270天。这是永煤集团首次出现债务违约。就在违约前20天，永煤集团才刚刚发行一期10亿元的中票“20永煤MTN006”。违约发生后，永煤集团评级出现“断崖式”下跌。11日，中诚信国际决定将永煤集团的主体信用等级由AAA降至BB，并列入可能降级的观察名单；相关债券评级也一并下调。

总体来看，Wind数据显示，2020年以来共有109只债券发生违约，合计债券余额为1 260.83亿元。与2019年全年184只债券违约、违约余额1 494.04亿元相比，2020年全年数量上比2019年大概率有较大幅度的下降，但规模上目前已相差不大。

问题：

（1）债券作为一种金融工具有哪些特征？

（2）搜集相关资料，分析我国企业发生债券违约的原因主要有哪些。

---

① 佚名. 做债的懵了！45家债券违约超1 200亿［EB/OL］.［2020-11-13］. https://finance.ifeng.com/c/81LLPrLJacC.

财务报告分析

第4章

一、单项选择题

1.短期债权人在进行企业财务分析时，最为关心的是（　　）。

A.企业获利能力　　B.企业支付能力

C.企业社会贡献能力　　D.企业资产营运能力

2.反映企业在一定会计期间内（如月度、季度、半年度或年度）经营成果的一种动态报表是（　　）。

A.资产负债表　　B.利润表

C.现金流量表　　D.财务状况变动表

3.在下列各项中，不符合资产负债表作用的是（　　）。

A.可以反映企业资产的构成及其状况

B.可以反映企业所有者权益的情况

C.分析企业在某一时期的现金流量情况

D.分析企业目前与未来需要支付的债务数额

4.下列各指标中，主要用来说明企业盈利能力的是（　　）。

A.权益乘数　　B.流动比率

C.销售利润率　　D.产权比率

5.在下列各项中，能够揭示计算流动比率、速动比率作用的是（　　）。

A.企业的负债经营程度　　B.企业债务偿还的安全程度

C.企业资本的充足程度　　D.企业短期债务偿还的安全性

6.若流动比率大于1，则下列各项中一定成立的是（　　）。

A.速动比率大于1　　B.营运资本大于0

C.资产负债率一定大于1　　D.短期偿债能力一定有保障

7.在下列各项中，不会影响流动比率的业务是（　　）。

A.用现金购买短期债券　　B.用现金购买固定资产

C.用存货进行对外长期投资　　D.从银行取得长期借款

8.下列各项财务比率，计算公式正确的是（　　）。

A.产权比率$=\frac{资产总额}{股东权益}$　　B.权益乘数$=\frac{负债总额}{股东权益}$

C.资产负债率$=\frac{资产总额}{负债总额}$　　D.利息保障倍数$=\frac{息税前利润}{利息费用}$

9.杜邦财务分析体系的核心指标是（　　）。

A.总资产收益率

B.净资产收益率

C.权益乘数

D.销售利润率

10.甲公司上年净利润为250万元，流通在外的普通股的加权平均股数为100万股，优先股为50万股，优先股股息为每股1元。如果上年年末普通股的每股市价为30元，则甲公司的市盈率为（　　）。

A.12　　B.15

C.18　　D.22.5

11.某企业需要在期末保持20%的现金比率。如果企业的流动资产为200万元，流动比率为200%，则该企业的现金和可变现有价证券的数额应为（　　）。

A.10万元　　B.20万元

C.30万元　　D.40万元

12.某企业的年度利润表和相关账簿资料显示：当期亏损100万元，财务费用中的利息支出为300万元，已经计入当期在建工程的利息支出为100万元，则该企业的利息保障倍数应当是（　　）。

A.0.5　　B.0.67

C.0.75　　D.1

13.如果某企业的资产负债率为50%，则该企业的产权比率应当是（　　）。

A.50%　　B.100%

C.150%　　D.75%

14.如果计算某企业的权益乘数为2，则该企业的资产负债率应当是（　　）。

A.50%　　B.100%

C.75%　　D.150%

15.每股收益是衡量上市公司盈利能力的重要财务指标，（　　）。

A.它能够展示内部资金的供应能力　　B.它反映股票所含的风险

C.它受资本结构的影响　　D.它显示投资者获得的投资收益

16.两家销售企业本期的销售收入、存货平均余额相同，但毛利率不同，则毛利率较高的企业存货周转率（　　）。

A.较高　　B.较低

C.不变　　D.难以判断

17.某企业的流动资产周转天数比上年增加了10天，非流动资产周转天数比上年增加了15天，则表明该企业的总资产周转天数比上年（　　）。

A.增加了10天　　B.增加了15天

C.增加了20天　　D.增加了25天

18.在其他条件不变的情况下，下列经济业务可能导致总资产收益率下降的是（　　）。

A.用银行存款支付一笔销售费用

B.用银行存款购入一台设备

C.将发行的可转换债券转换为普通股

D.用银行存款归还银行借款

19.如果企业的速动比率很小，下列结论成立的是（　　）。

A.企业流动资产占用过多　　B.企业短期偿债能力很强

C.企业短期偿债风险很大　　D.企业资产流动性很强

20.某公司本年度全年产品销售收入为10 500万元，销售毛利率为20%，年初存货为600万元，年末存货为800万元。该公司的存货周转天数为（　　）。

A.25天　　B.34天

C.30天　　D.35天

二、多项选择题

1.根据我国现行的财务报告体系，下列各项属于财务报告内容的有（　　）。

A.资产负债表　　B.利润表

C.现金流量表　　D.报表附注

E.所有者权益变动表

2.在财务分析中，所有者权益变动表的主要作用有（　　）。

A.提供所有者权益变动的原因　　B.解释所有者权益内部结构的变动

C.提供企业经营业绩结构的信息　　D.提供企业全面收益的信息

E.为利润表和资产负债表提供辅助信息

3.在下列各项中，反映资产管理效率的财务比率有（　　）。

A.流动比率　　B.流动资产周转率

C.存货周转率　　D.应收账款周转率

E.总资产利润率

4.在下列业务中，不能够降低企业短期偿债能力的有（　　）。

A.企业采用分期付款的方式购置一台大型机器设备

B.企业向战略投资者进行定向增发

C.企业从某国有银行取得3年期500万元的贷款

D.企业向股东发放股票股利

E.企业利用短期借款提高对流动资产的投资

5.在下列各项中，反映盈利能力的比率有（　）。

A.总资产净利率　　B.每股收益

C.成本利润率　　D.营业利润率

E.净资产收益率

6.在下列各项中，属于财务报表分析方法的有（　　）。

A.比较分析法　　B.结构百分比分析法

C.趋势百分比分析法　　D.财务比率分析法

E.因素分析法

7.在下列各项中，属于速动资产的有（　　）。

A.现金　　B.其他应付款

C.应收账款　　D.存货

E.固定资产

8.现金和现金等价物包括（　　）。

A.应收账款　　B.现金

C.银行存款　　D.其他货币资金

E.交易性金融资产

9.在下列各项中，必须同时利用资产负债表和利润表才能计算的指标有（　　）。

A.总资产净利率　　B.存货周转率

C.利息保障倍数　　D.总资产周转率

E.净资产收益率

10.在下列各项中，属于财务报表附注主要内容的有（　　）。

A.不符合基本会计假设的说明　　B.重要会计政策的说明

C.或有事项的说明　　D.重大会计差错更正的说明

E.关联方关系及其交易的说明

三、判断题

1.资产负债率的高低没有一个明确的标准，不同行业、不同类型的企业存在较大差异。（　　）

2.每股收益是股利总额与发行在外的普通股股数的比值，是投资者获得投资收益的重要来源之一。（　　）

3.权益乘数越大，代表公司借入资本的数额越大，承担的财务风险越大。（　　）

4.财务指标的计算和分析往往局限于财务报表所提供的信息，这就可能使财务报表本身的局限性表现在财务指标的分析中。（　　）

5.经营活动产生的现金流量大于0，说明企业盈利。（　　）

6.一家公司如果其利息保障倍数低于1，那么该公司一定没有能力支付到期利息。 （ ）

7.企业增长能力分析应建立在企业净资产收益率不断提高的基础之上。 （ ）

8.不同利益相关者对企业财务报表所披露的各项信息表现出一致的关注点。 （ ）

9.对企业盈利能力的分析主要是指对利润额的分析。 （ ）

10.以总资产收益率作为杜邦分析的核心和起点，是因为该指标是一个综合性很强的指标。 （ ）

四、简答题

1.简述财务比率分析的作用和局限。

2.简述在计算速动资产时，要将存货从流动资产中剔除的原因。

五、计算分析题

1.A公司的流动资产由速动资产和存货资产构成，其年初存货为145万元，年初应收账款为125万元，年末流动比率为3，年末速动比率为1.5；存货周转率为4次，年末流动资产余额为270万元。假设1年按360天计算。

要求：

（1）计算该公司流动负债年末余额。

（2）计算该公司存货年末余额和年平均余额。

（3）计算该公司本年营业成本。

（4）假定本年赊销净额为960万元，除应收账款以外的其他速动资产忽略不计，计算该公司应收账款周转期。

2.B公司某年度的简化资产负债表和利润表，见表4-1、表4-2：

表4-1 **资产负债表（简化）** 单位：万元

资产	期末余额	负债和所有者权益（或股东权益）	期末余额
货币资金	40	短期借款	80
应收账款	85	应付票据	20
存货	155	长期借款	400
固定资产净值	330	实收资本	100
在建工程	20	未分配利润	60
无形资产净值	30		
资产总计	660	负债和所有者权益（或股东权益）总计	660

表4-2 **利润表（简化）** 单位：万元

项　　目	本年实际数
营业收入	1 000
减：营业成本	700
销售费用	100
管理费用	50
财务费用	50
营业利润	100
减：所得税（所得税税率15%）	15
净利润	85

要求：根据表4-1、表4-2，计算流动比率、速动比率、资产负债率、产权比率、成本费用利润率、总资产净利率。

3.C公司经营多种产品，最近两年的利润表数据摘要和资产负债表数据摘要见表4-3和表4-4：

表4-3 **利润表数据摘要** 单位：万元

利润表数据	上期	本期
营业收入	10 000	30 000
营业成本	7 300	23 560
管理费用	600	800
销售费用	500	1 200
财务费用	100	2 640
利润总额	1 500	1 800
所得税费用	500	600
净利润	1 000	1 200

表4-4 **资产负债表数据摘要** 单位：万元

资产负债表数据	上年年末	本年年末
货币资金	500	1 000
应收账款	2 000	8 000
存货	5 000	20 000
其他流动资产	0	1 000
流动资产合计	7 500	30 000

续表

资产负债表数据	上年年末	本年年末
固定资产	5 000	30 000
资产总计	12 500	60 000
短期借款	1 850	15 000
应付账款	200	300
其他流动负债	450	700
流动负债合计	2 500	16 000
长期借款	0	29 000
负债合计	2 500	45 000
股本	9 000	13 500
盈余公积	900	1 100
未分配利润	100	400
负债和所有者权益总计	12 500	60 000

要求：进行以下计算、分析和判断（提示：为了简化计算和分析，计算各种财务比率时需要的存量指标如资产、所有者权益等，均使用期末数；1年按360天计算）。

（1）总资产周转天数分析：确定总资产周转天数变动的差额，按顺序计算确定固定资产周转天数和流动资产周转天数变动对总资产周转天数的影响数额（天数）。

（2）总资产净利率变动分析：确定总资产净利率变动的差额，按顺序计算确定总资产周转率和销售净利率变动对总资产净利率的影响数额（百分数）。

4.D公司为一家上市公司，其2021年度的资产负债表见表4-5：

表4-5 **资产负债表** 单位：万元

资产	期初	期末	负债和股东权益	期初	期末
流动资产：			流动负债：		
货币资金	40 000	50 000	短期借款	37 600	55 000
交易性金融资产	28 000	20 000	应付账款	13 600	15 500
应收账款	15 500	25 000	预收款项	7 400	9 530
存货	97 000	85 000	其他流动负债	4 487	3 300

续表

资产	期初	期末	负债和股东权益	期初	期末
其他流动资产	37 910	48 510	流动负债合计	63 087	83 330
流动资产合计	218 410	228 510	非流动负债：		
非流动资产：			长期借款	38 400	42 000
长期股权投资	42 200	51 000	应付债券	181 000	181 000
固定资产	631 000	658 500	非流动负债合计	219 400	223 000
无形资产	91 000	94 000	负债合计	282 487	306 330
非流动资产合计	764 200	803 500	股东权益：		
			股本	500 000	500 000
			资本公积	107 000	102 640
			盈余公积	82 423	85 320
			未分配利润	10 700	37 720
			股东权益合计	700 123	725 680
资产总计	982 610	1 032 010	负债和股东权益总计	982 610	1 032 010

要求：运用比较分析法分析资产负债表的变动情况并做出评价。

六、论述题

1.从不同的财务报告分析主体出发，论述进行财务分析的目的。

2.论述在采用财务比率分析法时，应主要从哪些方面对公司的财务状况进行分析。

七、案例分析题

E公司是国内一家知名的家电企业，主要从事家用电器、电子产品、摩托车、汽车的连锁销售和服务业务。该公司从一个负债累累的小厂到营业额上亿元的知名企业，仅用了十几年的时间，其发展速度可谓是一个神话。某投资公司想对E公司进行投资，现将该公司2021年资产负债表、利润表列示如下（见表4-6、表4-7）：

表4-6 **资产负债表**

编制单位：E公司 2021年12月31日 单位：万元

资产	期末余额	上年年末余额	负债和所有者权益	期末余额	上年年末余额
流动资产：			流动负债：		
货币资金	1 224	1 340	短期借款	500	260
交易性金融资产	180	220	交易性金融负债		
应收票据			应付票据		
应收账款	1 680	1 360	应付账款	780	800
预付款项	84	80	预收款项		
其他应收款			合同负债		
存货	3 200	2 520	应付职工薪酬		
持有待售资产			应交税费	300	200
一年内到期的非流动资产			其他应付款	106	100
其他流动资产			一年内到期的非流动负债	560	440
流动资产合计	6 368	5 520	其他流动负债	66	60
非流动资产：			流动负债合计	2 312	1 860
债权投资			非流动负债：		
其他债权投资			长期借款	1 300	500
长期应收款			应付债券	600	300
长期股权投资	1 600	100	长期应付款		
其他权益工具投资			预计负债		
其他非流动金融资产			递延所得税负债		
固定资产	3 280	2 600	其他非流动负债		
在建工程	500	420	非流动负债合计	1 900	800
生产性生物资产			负债合计	4 212	2 660
油气资产			所有者权益：		
无形资产	900	1 000	实收资本	5 200	4 000
开发支出			资本公积	200	200
商誉			减：库存股		
长期待摊费用	4	20	盈余公积	1 600	1 600
递延所得税资产			未分配利润	1 440	1 200
其他非流动资产			所有者权益合计	8 440	7 000
非流动资产合计	6 284	4 140			
资产总计	12 652	9 660	负债和所有者权益总计	12 652	9 660

表4-7 利润表

编制单位：E公司 2021年 单位：万元

项目	本期金额	上期金额
一、营业收入	23 800	19 090
减：营业成本	19 411.76	15 679.61
税金及附加	1 200	850
销售费用	388.24	470.39
管理费用	582	320
财务费用	778	480
资产减值损失		
加：投资收益（损失以“–”号填列）	300	130
其中：对联营企业和合营企业的投资收益	300	130
二、营业利润（亏损以“–”号填列）	1 740	1 420
加：营业外收入	410	400
减：营业外支出	450	420
三、利润总额（亏损总额以“–”号填列）	1 700	1 400
减：所得税费用	425	350
四、净利润（净亏损以“–”号填列）	1 275	1 050

要求：假如你是该投资公司的咨询分析师，请你对E公司的财务状况进行分析评价。

分析要点：结合相关财务比率分析E公司的偿债能力和盈利能力，并进行简要评价。

第5章 财务管理的基本观念

一、单项选择题

1. 在以下论述中，货币时间价值的本质是（　　）。

A. 存在风险和通货膨胀条件下的行业平均利润率

B. 存在风险和通货膨胀条件下的社会平均利润率

C. 没有风险和通货膨胀条件下的行业平均利润率

D. 没有风险和通货膨胀条件下的社会平均利润率

2. 在以下表达式中，复利现值系数的表达式是（　　）。

A.（F/P，i，n）　　B.（P/F，i，n）

C.（F/A，i，n）　　D.（A/F，i，n）

3. 如果名义利率为r，一年内复利m次，则实际利率i的计算公式是（　　）。

A. $i=(1-\frac{r}{m})^m-1$　　B. $i=(1+\frac{r}{m})^m-1$

C. $i=(1+\frac{r}{m})^m+1$　　D. $i=(\frac{r}{m})^m-1$

4. 某项投资4年后可得收益50 000元，年利率为8%，则现在应投入（　　）元。已知（P/A，8%，4）=3.3121，（P/F，8%，4）=0.7350。

A.36 750　　B.38 652

C.36 851　　D.50 000

5. 有一项年金，前3年无流入，后5年每年年初流入500万元，假设年利率为10%，其现值为（　　）万元。

A.1 994.59　　B.1 566.36

C.1 813.48　　D.1 423.21

6. 某人投资一个项目，投资额为1 000万元，建设期为2年，项目运营期为5年。若投资人要求的必要报酬率为10%，则投产后每年年末投资人至少应收回的投资额为（　　）万元。

A.205.41　　B.319.21

C.402.84　　D.561.12

7.有甲、乙两台设备可供选用，甲设备的年使用费比乙设备低2 000元，但价格高于乙设备8 000元。若资本成本为7%，使用期至少应长于（　　）年，选用甲设备才是有利的。

A.3.85　　B.4.53

C.4.86　　D.5.21

8.甲公司平价发行5年期的公司债券，债券票面利率为10%，每半年付息一次，到期一次偿还本金。该债券的有效年利率是（　　）。

A.10%　　B.10.25%

C.10.5%　　D.9.5%

9.某企业于年初存入银行10 000元，假定年利率为12%，每年复利两次。已知（F/P，6%，5）=1.3382，（F/P，6%，10）=1.7908，（F/P，12%，5）=1.7623，（F/P，12%，10）=3.1058，则第5年年末的本利和为（　　）元。

A.13 382　　B.17 623

C.17 908　　D.31 058

10.某企业面临甲、乙两个投资项目。经衡量，它们的期望报酬率相等。甲项目的标准差小于乙项目的标准差。对甲、乙项目可以做出的判断为（　　）。

A.甲项目取得更高报酬和出现更大亏损的可能性均大于乙项目

B.甲项目取得更高报酬和出现更大亏损的可能性均小于乙项目

C.甲项目实际取得的报酬会高于其期望报酬

D.乙项目实际取得的报酬会低于其期望报酬

11.甲公司拟投资于两种证券X和Y。两种证券期望报酬率的相关系数为0.3，根据投资X和Y的不同资金比例测算，投资组合期望报酬率与标准差的关系如图5-1所示。甲公司投资组合的有效组合是（　　）。

A.XR曲线　　B.X、Y点

C.RY曲线　　D.XRY曲线

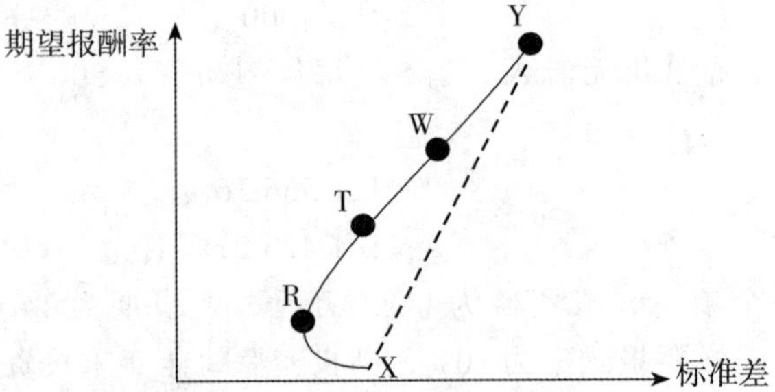

图5-1　投资组合期望报酬率与标准差的关系

12.已知某风险组合的期望报酬率和标准差分别为15%和20%，无风险报酬率为8%。假设某投资者可以按无风险报酬率取得资金，将其自有资金200万元和借入资金50万元均投资于风险组合，则投资人总期望报酬率和总标准差分别为（　　）。

A.16.75%和25%　　B.13.65%和16.24%

C.16.75%和12.5%　　D.13.65%和25%

13.证券市场组合的期望报酬率是16%，甲投资人以自有资金100万元和按6%的无风险报酬率借入的资金40万元进行证券投资，则甲投资人的期望报酬率是（　）。

A.20%　　B.18%

C.19%　　D.22%

14.关于证券投资组合理论的以下表述中，正确的是（　　）。

A.证券投资组合能消除大部分系统风险

B.证券投资组合的总规模越大，承担的风险越大

C.最小方差组合是所有组合中风险最小的组合，所以报酬率最大

D.一般情况下，随着更多的证券加入到投资组合中，整体风险降低的速度会越来越慢

15.证券市场线可以用来描述市场均衡条件下单项资产或资产组合的期望收益与风险之间的关系。投资者的风险厌恶感普遍减弱，会导致证券市场线（　　）。

A.向上平行移动　　B.向下平行移动

C.斜率上升　　D.斜率下降

16.下列关于投资组合的说法中，错误的是（　　）。

A.有效投资组合的期望收益与风险之间的关系，既可以用资本市场线描述，又可以用证券市场线描述

B.用证券市场线描述投资组合（无论是否有效地分散风险）的期望收益与风险之间的关系的前提条件是市场处于均衡状态

C.当投资组合只有两种证券时，该组合收益率的标准差等于这两种证券收益率标准差的加权平均值

D.当投资组合包含所有证券时，该组合收益率的标准差主要取决于证券收益率之间的协方差

17.在进行投资决策时，需要估计的债务成本是（　　）。

A.现有债务的承诺收益　　B.未来债务的期望收益

C.未来债务的承诺收益　　D.现有债务的期望收益

18.某公司预计未来保持经营效率、财务政策不变，且预期未来不发行股票，企业当前的每股股利为3元，每股净利润为5元，每股净资产为20元，每股市价为50元，则股票的资本成本为（　　）。

A.11.11%　　B.16.25%

C.17.78%　　D.18.43%

19.某公司拟投资一款新产品，据预测，新产品投产后每年可创造500万元的现金净流量；但是公司原生产的老产品会受到影响，使其年收入由原来的1 500万元降低到1 200万元。假设企业所得税税率为25%，求与新产品项目相关的现金净流量为（　　）万元。

A.275　　B.300

C.400　　D.575

20.某公司共有资金10 000万元，其中普通股5 000万元，优先股1 000万元，长期借款2 000万元，债券2 000万元；各种资金的资本成本分别为15%、12%、7%、6%，则该企业的综合资本成本为（　　）。

A.11%　　B.11.3%

C.12.5%　　D.12.7%

21.某公司股票目前发放的股利为每股1元，且股利按2%的固定比例逐年递增，筹资费费率为4%，据此计算出的资本成本为27%，则该股票目前的市价为（　　）。

A.4.17元　　B.4.21元

C.4.25元　　D.6.00元

22.按照（　　）权数计算的加权平均资本成本更适用于企业筹措新资金。

A.账面价值　　B.市场价值

C.目标价值　　D.目前价值

23.某企业发行5年期债券，债券面值为1 000元，票面利率为10%，每年付息一次，发行价为1 100元，筹资费费率为3%，所得税税率为30%，则该债券的资本成本是（　　）。

A.9.37%　　B.6.56%

C.7.36%　　D.6.66%

二、多项选择题

1.在项目投资假设条件下，下列各项不属于项目投资现金流出量的有（　　）。

A.借款利息　　B.垫支流动资金

C.经营成本　　D.归还借款的年金

E.无形资产摊销

2.KD公司拟于2021年年初新建一个工厂以开发某种新产品，则与该投资项目有关的现金流量有（　　）。

A.购置生产线费用700万元，同时垫付50万元的流动资金

B.2019年公司支付4万元的咨询费，聘请专家进行论证

C.投产后每年创造销售收入300万元

D.利用现有的机器设备，目前市价为34万元

E.公司该生产线目前已被计提折旧140万元

3.计算投资项目的终结现金流量时，需要考虑的内容有（ ）。

A.终结点的净利润　　B.投资项目的年折旧额

C.无形资产的残值变现收入　　D.固定资产的残值变现收入

E.垫支营运资金

4.对投资项目进行分析时，现金流量估算的基本原则主要有对（ ）问题的处理。

A.机会成本　　B.沉没成本

C.附加效应　　D.历史成本

E.管理费用

5.单项资产或者投资组合的必要收益率受（ ）的影响。

A.无风险收益率　　B.市场组合的平均收益率

C.β系数　　D.某种资产的特有风险

E.有风险收益率

6.下列因素引起的风险，企业不能通过多元化投资予以分散的有（ ）。

A.市场利率上升　　B.社会经济衰退

C.技术革新　　D.通货膨胀

E.战争

7.在以下表述中，用于计算投资风险报酬率的相关因素有（ ）。

A.风险报酬系数　　B.财务杠杆系数

C.经营杠杆系数　　D.总杠杆系数

E.变异系数

8.在证券市场中，投资者的投资选择往往趋向一致的情况包括（ ）。

A.两个投资组合具有相同的收益标准差和不同的预期收益

B.两个投资组合具有相同的预期收益和不同的收益标准差

C.两个投资组合具有不同的预期收益和不同的收益标准差

D.两个投资组合无法计算预期收益和收益标准差

E.两个投资组合只能计算预期收益但无法计算收益标准差

9.关于n项投资组合总体期望收益率方差σ_p^2，下列说法正确的有（ ）。

A.由n个方差和n个协方差组成

B.由n个方差和n（n-1）个协方差组成

C.随着投资项目n的增加，越来越依赖投资组合中的协方差

D.随着投资项目n的增加，越来越依赖投资组合中的方差

E.随着投资项目n的增加，越来越依赖投资组合中的β系数

10.资本资产定价模型的假设条件包括（ ）。

A.在市场中存在很多投资者

B.不同投资者对金融工具未来的收益现金流的预期值、方差等有不同的估计

C.没有税金和交易成本

D.所有的投资者都是理性的

11.在计算个别资本成本时，需要考虑所得税抵减作用的筹资方式有（　　）。

A.银行存款　　B.长期债券

C.优先股　　D.普通股

12.留存收益是由企业税后利润形成的，属于企业股东权益的资金来源，其资本成本的特点包括（　　）。

A.通常无须考虑其成本

B.相当于股东进行股票投资所要求的报酬率

C.是一种机会成本

D.通常高于普通股资本成本

E.不必考虑筹资费用

13.若普通股股利以固定的比例逐年递增，在计算留存收益资本成本时需考虑的因素有（　　）。

A.股利年度增长率　　B.优先股金额

C.筹资费率　　D.第1年发放的股利

E.普通股金额

14.下列说法正确的有（　　）。

A.非系统性风险包括经营风险和财务风险两部分

B.经营风险是指由于企业内外部条件变化对企业盈利能力或资产价值产生影响而形成的风险

C.由于行业技术的发展引起的风险属于系统风险

D.在投资组合中投资项目增加的初期，风险分散的效果比较明显，但增加到一定程度，风险分散的效果就会逐渐减弱

15.在下列项目中，属于资本成本中的筹资费用的有（　　）。

A.借款手续费　　B.债券发行费

C.债券利息　　D.股利

E.股票发行价

16.下列关于货币时间价值系数关系的表述中，正确的有（　　）。

A.普通年金现值系数×投资回收系数=1

B.普通年金终值系数×偿债基金系数=1

C.普通年金现值系数×（1+折现率）=预付年金现值系数

D.普通年金终值系数×（1+折现率）=预付年金终值系数

17.市场上有两种有风险证券X和Y，下列情况下，两种证券组成的投资组合

风险低于二者加权平均风险的有（　　）。

A.X和Y期望报酬率的相关系数是0

B.X和Y期望报酬率的相关系数是-1

C.X和Y期望报酬率的相关系数是0.5

D.X和Y期望报酬率的相关系数是1

18.A证券的期望报酬率为12%，标准差为15%；B证券的期望报酬率为18%，标准差为20%。投资于两种证券组合的机会集是一条曲线，有效边界与机会集重合，以下结论中正确的有（　　）。

A.最小方差组合是全部投资于A证券

B.最高期望报酬率组合是全部投资于B证券

C.两种证券报酬率的相关性较高，风险分散化效应较弱

D.可以在有效集曲线上找到风险最小、期望报酬率最高的投资组合

19.下列因素中，影响资本市场线中市场均衡点的位置的有（　　）。

A.无风险报酬率　　B.风险组合的期望报酬率

C.风险组合的标准差　　D.投资者个人的风险偏好

20.下列有关证券组合投资风险的表述中，正确的有（　　）。

A.证券组合的风险不仅与组合中每个证券的报酬率标准差有关，而且与各证券之间报酬率的协方差有关

B.持有多种彼此不完全正相关的证券可以降低风险

C.资本市场线反映了持有不同比例无风险资产与市场组合情况下风险和报酬的权衡关系

D.投资机会集曲线描述了不同投资比例组合的风险和报酬之间的权衡关系

21.贝塔系数和标准差都能衡量投资组合的风险。下列关于投资组合的贝塔系数和标准差的表述中，正确的有（　　）。

A.标准差度量的是投资组合的非系统风险

B.投资组合的贝塔系数等于被组合各证券贝塔系数的算术加权平均值

C.投资组合的标准差等于被组合各证券标准差的算术加权平均值

D.贝塔系数度量的是投资组合的系统风险

22.下列关于证券市场线的说法中，正确的有（　　）。

A.无风险报酬率越大，证券市场线在纵轴的截距越大

B.证券市场线描述了由风险资产和无风险资产构成的投资组合的有效边界

C.投资者对风险的厌恶感越强，证券市场线的斜率越大

D.预计通货膨胀率提高时，证券市场线向上平移

23.下列关于投资项目资本成本的说法中，正确的有（　　）。

A.资本成本是投资项目的取舍率

B.资本成本是投资项目的必要报酬率

C.资本成本是投资项目的机会成本

D.资本成本是投资项目的内含报酬率

24.企业在进行资本预算时需要对债务成本进行估计。如果不考虑所得税的影响，下列关于债务成本的说法中，正确的有（　　）。

A.债务成本等于债权人的期望收益

B.当不存在违约风险时，债务成本等于债务的承诺收益

C.估计债务成本时，应使用现有债务的加权平均债务成本

D.计算加权平均债务成本时，通常不需要考虑短期债务

三、判断题

1.资本回收系数是年金现值系数的倒数。（　　）

2.现金流入量与现金流出量之间的差额叫现金净流量。（　　）

3.在不考虑所得税的情况下，折旧额变化对现金流量没有影响。（　　）

4.机会成本是企业在投资时发生的付现成本和费用。（　　）

5.与投资项目有关的现金收入为现金流入；与投资项目有关的现金支出或现金支出节约额为现金流出。（　　）

6.风险与收益具有匹配性，因此高风险的投资项目必然会给投资者带来高收益。（　　）

7.资本资产定价模型为计算风险补偿提供了基本思路，但仅仅限于对系统风险的补偿。（　　）

8.如果采用概率分析的方法衡量证券投资风险，则标准差越大，投资风险程度越小。（　　）

9.优先股与债券的相同之处在于筹资时一般要定期按固定比率向持有人支付股息或利息，并具有抵税作用。（　　）

10.资本成本包括筹资费用和用资费用两部分，其中用资费用是资本成本的主要内容。（　　）

四、简答题

1.简述资本资产定价模型的基本原理。

2.什么是资本成本，有何作用？影响资本成本高低的因素有哪些？

3.采用普通股筹资的优缺点各是什么？

4.简述计算边际资本成本的步骤。

5.充分的证券投资组合的目的是什么？

五、计算分析题

1.某公司拟购置一处房产，房主提出两种付款方案：

（1）从现在起，每年年初支付20万元，连续支付10年，共200万元；

（2）从第5年开始，每年年末支付25万元，连续支付10次，共250万元。

要求：假设该公司的资本成本为10%，你认为该公司应该选择哪个方案？

2.某企业拟采用融资方式于2021年1月1日租入一台设备，设备款为50 000元，租期为5年，到期后设备属于企业。

要求：（1）若租赁折现率为16%，从出租方角度计算等额支付租金方式下的租金。

（2）若企业的资本成本为10%，则每年年末支付15 270元，连续支付5年或者每年年初支付12 776元，连续支付5年，两个方案哪个更合适？

3.A和B项目的投资报酬率及其相应的概率见表5-1：

表5-1 **投资报酬率及其概率分布**

经济情况	发生概率	预计年报酬率	
		A项目	B项目
繁荣	0.4	30%	60%
正常	0.3	10%	10%
衰退	0.3	0	-40%

要求：计算项目A、B的期望报酬率、方差、标准差和变异系数，并讨论哪个方案更好。

4.某公司持有A股票的β系数为0.4，当年每股收益为0.8元。假设现行国库券的收益率为4%（无风险收益率），市场组合投资的平均收益率由表5 2所示的两种证券组合的收益率和比重确定：

表5-2 **两种证券组合比较表**

市场证券比重	市场预期投资报酬率
市场风险组合 0.6	20%
市场无风险组合 0.4	5%

要求：按照资本资产定价模型计算公司持有A股票的理论价值。

5.A股票的实际收益率为20%，B股票的实际收益率为10%，且专家认为B股票的实际收益率与市场组合的平均收益率相同。

要求：（1）如果将无风险收益率确定为5%，计算A股票的β系数。

（2）如果将A股票的β系数确定为2.2，计算无风险收益率R_f。

6.假定某证券市场的无风险收益率为1.5%，与B投资者所持有的证券组合相关的影响因素包括：市场投资组合的预期收益率（R_m=8%）；国内生产总值预期增长率（GDP=6%）；消费品物价指数增长率（CPI=2.5%）。与以上3个因素相匹配的β

系数分别为1.2、0.2以及0.15。

要求：按照APT模型的证券预期收益率计算公式，计算B投资者所持有的证券组合的预期收益率$E(R_i)$。

7.假设资本资产定价模型成立，表5-3财务指标的关系中的数字是相互关联的。

表5-3 财务指标的关系

证券名称	期望报酬率	标准差	与市场组合的相关系数	β值
无风险资产	?	?	?	?
市场组合	?	0.10	?	?
A股票	0.22	?	0.65	1.3
B股票	0.16	0.15	?	0.9
C股票	0.31	?	0.20	?

要求：计算表中“?”位置的数字。

六、论述题

1.CAPM与APT模型之间有什么联系和区别？

2.论述资本成本的作用。

七、案例分析题

B公司是一家制造企业，2021年度财务报表有关数据见表5-4：

表5-4 2021年度财务报表有关数据 单位：万元

项目	2021年	项目	2021年	项目	2021年
营业收入	10 000	所得税费用	125	期末长期负债	1 350
营业成本	6 000	净利润	500	期末负债合计	2 050
销售及管理费用	3 240	本期分配股利	350	期末流动资产	1 200
息税前利润	760	本期利润留存	150	期末长期资产	2 875
利息支出	135	期末股东权益	2 025	期末资产总计	4 075
利润总额	625	期末流动负债	700		

B公司没有优先股，目前发行在外的普通股为1 000万股。假设B公司的资产全部为经营资产，流动负债全部是经营负债，长期负债全部是金融负债。公司目前已达到稳定增长状态，未来年度将维持2021年的经营效率和财务政策不变（包括不增发新股和回购股票），可以按照目前的利率水平在需要的时候取得借款，不变

的销售净利率可以涵盖不断增加的负债利息。2021年的期末长期负债代表全年平均负债，2021年的利息支出全部是长期负债支付的利息。公司适用的企业所得税税率为25%。

要求：（1）计算B公司2022年的预期销售增长率。

（2）计算B公司未来的预期股利增长率。

（3）假设B公司2022年年初的股价是9.45元，计算B公司的股权资本成本和加权平均资本成本。

第6章 财务估价

一、单项选择题

1.承诺在未来某一确定日期进行单笔支付的债券被称为（　　）。

A.平息债券　　B.纯贴现债券

C.永久债券　　D.可赎回债券

2.在下列各项中，（　　）不是影响债券现值的要素。

A.债券面值　　B.认购价格

C.票面利率　　D.收益率

3.债券到期收益率的计算原理是（　　）。

A.到期收益率是购买债券后一直持有至到期的内含报酬率

B.到期收益率是能使债券每年利息收入的现值等于债券买入价格的贴现率

C.到期收益率是债券利息收益率与资本利得率

D.到期收益率的计算要以债券每年年末计算并支付利息、到期一次还本为前提

4.债券期限越短，其价值变动的幅度就（　　）。

A.越趋近于1　　B.越趋近于-1

C.越大　　D.越小

5.债券A和债券B是两只在同一资本市场上刚刚发行的按年付息的平息债券。它们的面值和票面利率均相同，只是到期时间不同。假设两只债券的风险相同，并且风险投资的必要报酬率低于票面利率，则（　　）。

A.偿还期长的债券价值低

B.偿还期长的债券价值高

C.两只债券的价值相同

D.两只债券的价值不同，但无法进行比较

6.计算债券价值时，折现率一般采用（　　）。

A.票面利率　　B.国债利率

C.当前等风险投资的市场利率　　D.债券收益率加适当的风险报酬率

7.甲公司2021年3月4日以每张债券1 120元的价格购入并持有至到期乙公司2019年3月4日发行的公司债券，该债券每张面值为1 000元，票面利率为8%，5年期。假定该债券每年3月4日付息一次，到期按面值偿还。根据上述资料计算该债券的到期收益率为（　　）。

A.8%　　　　B.4.7%

C.3.67%　　　　D.3.7%

8.如果债券不是分期付息，而是到期一次还本付息，那么平价发行的债券，其到期收益率（　　）。

A.与票面利率相同　　　　B.与票面利率有可能不同

C.高于票面利率　　　　D.低于票面利率

9.某股票的未来股利不变，当股票价格低于股票的价值时，则预期报酬率和当前等风险投资的市场利率的关系是（　　）。

A.预期报酬率高于当前等风险投资的市场利率

B.预期报酬率低于当前等风险投资的市场利率

C.预期报酬率等于当前等风险投资的市场利率

D.无法判断两者的高低

10.若企业保持目标资本结构，负债率为40%，预计净利润为200万元，预计未来年度需增加的经营营运资本为50万元，需要增加的资本支出为100万元，折旧摊销为40万元，则未来的股权现金流量为（　　）万元。

A.127　　　　B.110

C.50　　　　D.134

11.甲股票当前的市场价格为40元/股，最近一期的每股收益为2元，预期每股收益增长率为5%，则该股票的内在市盈率为（　　）。

A.19.05　　　　B.20

C.21　　　　D.21.05

12.利用市盈率模型所确定的企业价值是企业的（　　）。

A.账面价值　　　　B.内在价值

C.相对价值　　　　D.清算价值

13.若股票预计股利持续增长，且增长率固定，则可以采用（　　）模型评估其内在价值。

A.零增长股利　　　　B.固定股利增长

C.股利多阶段增长　　　　D.市盈率

14.面值为60元的普通股票，预计年固定股利收入为每股6元，如果折现率为8%，那么准备长期持有该股票的投资者能接受的最高购买价格为每股（　　）。

A.60元　　　　B.80元

C.65元　　　　D.75元

15.某贴现债券期限为5年，面值为1 000元，市场利率为8%，则该债券预计的发行价格为（　　）元。

A.680.6　　B.1 000

C.600　　D.960

16.某公司股票每股盈利为4元，市盈率为12倍，行业内类似股票的平均市盈率为15倍，则按市盈率法分析该股票的内在价值为（　　）元/股。

A.48　　B.60

C.12　　D.5

17.债券甲和债券乙是两只在同一资本市场上刚发行的平息债券。它们的面值、期限和票面利率均相同，只是付息频率不同。假设两种债券的风险相同，并且等风险投资的必要报酬率高于票面利率，则（　　）。

A.付息频率快的债券价值高

B.付息频率慢的债券价值高

C.两只债券的价值相同

D.两只债券的价值不同，但不能判断其高低

18.企业价值评估的第一步是了解评估对象的背景，其主要是对以下方面进行分析，除了（　　）。

A.企业所处的行业　　B.企业产品的市场情况

C.企业的自由现金流量　　D.企业的政治、法律环境

19.A公司平价购买刚发行的面值为1 000元（5年期、每半年支付利息40元）的债券，该债券按年计算的到期收益率为（　　）。

A.4%　　B.7.84%

C.8%　　D.8.16%

20.甲公司2021年1月1日准备投资购买A股票，该股票2021年股利预计为每股0.6元，当前的股票市场价格为20元/股，预计未来股利的年增长率保持5%不变，则该股票的预期收益率为（　　）。

A.6%　　B.8%

C.8.15%　　D.10%

二、多项选择题

1.对于平息债券，下列关于债券价值的说法正确的有（　　）。

A.当市场利率高于票面利率时，债券价值高于债券面值

B.当市场利率不变时，随着债券到期时间的临近，溢价发行债券的价值逐渐下降，最终等于债券面值

C.当市场利率发生变化时，随着债券到期时间的缩短，市场利率的变化对债券的影响越来越小

D.当票面利率不变时，溢价出售债券的计息期越短，债券价值越大

2.假设其他因素不变，在下列事项中，会导致折价发行的平息债券价值下降的有（　　）。

A.提高付息频率　　B.延长到期时间

C.提高票面利率　　D.等风险债券的市场利率上升

3.下列有关债券付息频率与其价值的说法中，正确的有（　　）。

A.折价发行的债券，加快付息频率，价值下降

B.溢价发行的债券，加快付息频率，价值上升

C.平价发行的债券，加快付息频率，价值不变

D.折价发行的债券，加快付息频率，价值上升

4.甲、乙两种债券，均按1 000元面值发行，每年支付利息均为120元。甲债券是5年期，而乙债券是6年期。假设其他条件不变，在下列情形中，正确的有（　　）。

A.市场利率下降，两种债券均升值，甲升值得更多

B.市场利率下降，两种债券均升值，乙升值得更多

C.市场利率上升，两种债券均贬值，甲贬值得更多

D.市场利率上升，两种债券均贬值，乙贬值得更多

5.价值评估的一般对象是企业整体的经济价值，而企业整体的经济价值具备以下特征（　　）。

A.整体价值是企业各项资产价值的汇总

B.整体价值来源于企业各要素的有机结合

C.可以单独存在的部分，其单独价值不同于作为整体一部分的价值

D.如果企业停止运营，则不再具有整体价值

6.企业使用现金流量折现法进行价值评估时，下列关于实体现金流量的计算正确的有（　　）。

A.实体现金流量=营业现金净流量-资本支出

B.实体现金流量=营业现金净流量-（净经营长期资产净投资+折旧与摊销）

C.实体现金流量=税后经营利润-净经营资产总投资

D.实体现金流量=股权现金流量+债务现金流量

7.市销率估价模型的特点有（　　）。

A.对于亏损企业和资不抵债的企业，也可以计算出一个有意义的价值乘数

B.可以反映价格政策和企业战略变化的后果

C.可以反映成本的变化

D.只适用于销售成本率较低的服务类企业

8.A公司去年支付每股0.25元现金股利，固定增长率2%，现行国库券报酬率为4%，市场平均风险条件下股票的报酬率为6%，股票贝塔系数等于1.2，则（　　）。

A.股票价值5.80元/股　　B.股票价值4.78元/股
C.股票必要报酬率为5.3%　　D.股票必要报酬率为6.4%

9.可赎回债券持有者的现金流量包括（　　）。
A.债券发行价格　　B.利息收入
C.面值　　D.资本赎回费用

10.在企业价值评估模型中，常用的相对价值模型有（　　）。
A.市盈率模型　　B.市净率模型
C.股权自由现金流量模型　　D.市销率模型

三、判断题

1.市盈率股价模型不适用于净利润为负的公司，而市净率模型则没有这种缺点。（　　）

2.如果某债券面值为1 000元，票面利率为12%，期限为6年，每半年付息一次，市场利率为12%，则此债券发行时的价格等于1 000元。（　　）

3.投资者购买股票或者债券时，其可接受的最高价格是票面价值。（　　）

4.一般而言，利率下降，证券价格下降；利率上升，证券价格上升。（　　）

5.一种10年期的债券，票面利率为10%；另一种5年期的债券，票面利率同为10%，两种债券在其他方面没有区别。在市场利率急剧上升时，前一种债券的价格下跌得更多。（　　）

6.债券的票面利率是评价债券收益的标准。（　　）

四、计算分析题

1.甲公司有一笔闲置资金，可以进行为期一年的投资，市场上有三种债券可供选择，相关资料如下：

（1）三种债券的面值均为1 000元，到期时间均为5年，到期收益率均为6%。

（2）甲公司计划一年后出售购入的债券，一年后三种债券的到期收益率仍为6%。

（3）三种债券票面利率及付息方式不同，A债券为零息债券，到期支付1 000元；B债券票面利率为6%，每年年末支付60元利息，到期支付1 000元；C债券票面利率为10%，每年年末支付100元利息，到期支付1 000元。

（4）甲公司利息收入适用的所得税税率为25%，资本利得适用的企业所得税税率为20%，发生投资损失可以按20%抵税，不抵销利息收入。

要求：（1）分别计算三种债券的当前价格；

（2）计算每种债券一年后的价格；

（3）计算甲公司投资于每种债券的税后收益率。（收益率=收益/投资额）

2.甲企业计划利用一笔长期资金投资购买股票。现有M公司股票、N公司股票和L公司股票可供选择，甲企业准备只投资一家公司的股票。已知M公司股票的现行市价为3.5元/股，上年每股股利为0.15元，预计以后每年以6%的增长率增长；N公司股票现行市价为7元/股，上年每股股利为0.6元，股利分配政策将一贯坚持固定股利政策；L公司股票现行市价为4元/股，上年每股支付股利0.2元，预计L公司未来3年每年的股利增长率分别为14%，14%，5%，第4年起将保持每年2%的固定增长率水平。甲企业所要求的投资必要报酬率为10%。

要求：(1) 利用股票估值模型，分别计算M、N、L公司股票价值。

(2) 根据计算结果，甲企业应投资哪家企业？

3.某上市公司在2020年、2021年和2022年的2月5日每股分别派发现金股利0.2元、0.4元和0.65元。无风险报酬率为2%，该股票的贝塔系数为1.5，股票市场的平均报酬率为6%。

要求：(1) 假设某投资者计划在2019年2月6日购入该股票进行投资，并于2022年2月6日以每股4.85元的价格将股票全部出售，计算当股票价格低于多少时投资者可以购买。

(2) 假设某投资者计划在2019年2月6日投资500万元购入该股票100万股进行投资，并于2022年2月6日以每股4.85元的价格将股票全部出售，计算该项投资的持有期报酬率。

4.A公司目前处于稳定增长阶段，本年度的税后利润为2 000万元，假设没有非经营性收益，发行在外的普通股股数为1 000万股，资本支出1 000万元，折旧和摊销为900万元；本年度比上年度经营营运资本增加400万元。按照经济预期，长期增长率为5%。该公司的负债率为20%，并将持续保持该比率。经估计该公司的股权资本成本为10%。

要求：(1) 计算该公司当前的每股股权价值。

(2) 若考虑使增长率上升到6%，且股权价值要与增长率为5%时的股权价值相等，则股权净投资应增加到多少？

5.A公司经证监会批准于2021年定向增发股票，目前已发股票每股市价为36元。该公司2020年当期缴纳所得税税额为500万元，公司将税后利润的20%提出作为盈余公积，剩余部分用于分配股东股利。公司已发行股票1 000万股，预计2022年公司增资后，股票的市盈率将下降25%，每股收益将下降为0.7元。该公司所得税税率为25%。

要求：(1) 计算所得税税前利润、税后利润和可分配利润。

(2) 计算每股收益、实际市盈率和预计市盈率。

(3) 计算新增股票的发行价格。

6.某企业拟发行5年期公司债券，每份债券面值50万元，票面利率10%，每半年付息一次。若此时名义市场利率为8%，其发行价格为多少？

7.某公司股票目前的股价为20元/股，上一年度同日的股票价格为18.87元/股，当前年度发放股利2元/股。假定股利的增长率与股票价格增长率相同且固定，若投资者要求的必要报酬率为15.99%，请问该股票的内在价值为多少？

8.甲公司目前有一个好的投资机会，急需资金1 000万元。该公司财务经理通过与几家银行进行洽谈，初步拟定了三个备选借款方案。三个方案的借款本金均为1 000万元，借款期限均为五年，具体还款方式如下。

方案一：采取定期支付利息，到期一次性偿还本金的还款方式，每半年末支付一次利息，每次支付利息40万元。

方案二：采取等额偿还本息的还款方式，每年年末偿还本息一次，每次还款额为250万元。

方案三：采取定期支付利息，到期一次性偿还本金的还款方式，每年年末支付一次利息，每次支付利息80万元。此外，银行要求甲公司按照借款本金的10%保持补偿性余额，对该部分补偿性余额，银行按照3%的银行存款利率每年年末支付企业存款利息。

要求：计算三种借款方案的有效年利率。如果仅从资本成本的角度分析，甲公司应当选择哪个借款方案？

9.A公司是一家高科技公司，目前正处于高速增长阶段。预期每股盈利和股利在未来两年的增长率为18%，第3年的增长率为15%，之后的增长率固定为6%。该公司本年刚支付的股利为每股1.15元。假定市场必要收益率为12%，计算该公司现在的股票价值。

10.A公司年初投资资本1 000万元，预计今后每年可取得税前经营利润800万元，所得税税率为25%，第一年的净投资为100万元，以后每年的净投资为零，加权平均资本成本为8%，计算企业实体价值。

五、综合题

A公司2020年年末的投资资本总额为1 000万元，其中净负债为100万元，股东权益为900万元，目前发行在外的股票有500万股，股价为4元/股。预计2021—2023年的销售增长率为7%，2024年的销售增长率降至5%，并且一直持续。预计税后经营利润、固定资产净值、经营营运资本对销售的百分比维持在2020年的水平。净债务利息按上年年末净债务余额和预计利息率计算。企业确定的融资政策为：在归还借款以前不分配股利，全部多余现金用于归还借款。归还全部借款后，剩余的现金全部发放股利。

当前的加权资本成本为11%，偿还到期债务后（假设还款日为每年12月31日），资本成本降至10%。公司的平均所得税税率为25%，净债务的税后利息率为4%。净债务的市场价值按账面价值计算。

要求：（1）编制预计报表（见表6-1、表6-2）。

表6-1　　**预计利润表**　　单位：万元

项目＼年份	2020年	2021年	2022年	2023年	2024年
销售收入	2 000				
税前经营利润	200				
税后经营利润	150				
税后净债务利息	20				
净利润	130				
减：应付普通股股利	0				
本期留存收益	130				

表6-2　　**预计资产负债表**　　单位：万元

项目＼年份	2020年	2021年	2022年	2023年	2024年
经营营运资本	400				
固定资产	600				
投资资本总计	1 000				
净负债	100				
股本	600				
年初未分配利润	170				
本期利润留存	130				
年末未分配利润	300				
股东权益合计	900				
净负债和股东权益	1 000				

（2）利用实体现金流量模型计算分析，说明A公司股票被市场高估还是低估了。

第7章 财务计划与财务预测

一、单项选择题

1.企业以货币形式预计计划期内资金的取得与运用和各项经营收支及财务成果的书面文件是（　　）。

A.经营预算　　B.成本预算

C.资本预算　　D.财务计划

2.在未来特定时间内，对全部产品或特定产品的销售数量与销售金额进行预测的是（　　）。

A.销售预测　　B.生产预测

C.成本预测　　D.产品预测

3.下列属于影响销售预测的外部因素是（　　）。

A.流行趋势　　B.价格政策

C.营销政策　　D.生产状况

4.下列属于影响销售预测的内部因素是（　　）。

A.流行趋势　　B.经济政策

C.同业竞争动向　　D.生产状况

5.由本企业熟悉销售业务、对于市场的未来发展变化的趋势比较敏感的领导人、主管人员和业务人员，根据其多年的实践经验集思广益，分析各种不同意见并对之进行综合分析评价后进行判断预测的方法是（　　）。

A.市场调研法　　B.意见汇集法

C.特尔菲法　　D.专家小组法

6.采用通信的方式，通过向见识广、学有专长的各有关专家发出预测问题调查表的方式来搜集和征询专家们的意见，并经过多次反复，综合、整理、归纳各专家的意见以后，作出预测判断的方法是（　　）。

A.市场调研法　　B.意见汇集法

C.特尔菲法　　D.专家小组法

7.只有当移动期内销售量变化不大，而且预测期仍然按照移动期的销售量变动趋势进行变动时才适用的方法是（ ）。

A.算术平均法　B.移动加权法

C.指数平滑法　D.回归分析法

8.只适用于在预测期内销售量或销售额变化不大的公司的销售预测方法是（ ）。

A.算术平均法　B.移动加权法

C.指数平滑法　D.回归分析法

9.指数平滑法遵循的原则是（ ）。

A.重远轻近　B.重近轻远

C.成本效益　D.增量现金流量

10.利用销售变量与时间存在的相关关系，通过对历史数据的分析建立预测模型，然后根据未来期间的变化来预测将来销售量或销售收入的方法是（ ）。

A.趋势分析法　B.时间序列分析法

C.因果预测分析法　D.回归分析法

11.利用事物发展的因果关系来推测事物发展趋势的方法是（ ）。

A.趋势分析法　B.时间序列分析法

C.因果预测分析法　D.回归分析法

12.假定某资产负债表项目与销售额保持一定的百分比关系的方法是（ ）。

A.趋势分析法　B.时间序列分析法

C.因果预测分析法　D.销售百分比法

13.下列不随着销售收入的变动而成比例变动的资产项目是（ ）。

A.应收账款　B.交易性金融资产

C.存货　D.生产力饱和的固定资产

14.下列负债项目随着销售收入的变动而成比例变动的是（ ）。

A.应付债券　B.应付账款

C.交易性金融负债　D.长期借款

15.下列能够减少财务费用预测的因素是（ ）。

A.短期借款　B.长期借款

C.利率　D.存款

16.下列因素与外部资金需求量呈反方向变动的是（ ）。

A.销售收入增长　B.股利支付率

C.自发性负债/销售收入比率　D.销售净利率

17.在财务杠杆不变的条件下，运用内部资金和外部资金所能支持的销售最大增长率是（ ）。

A.内含增长率　B.可持续增长率

C.销售增长率　D.资本增长率

18.下列与可持续增长率负相关的因素是（ ）。

A.销售收入增长率　　B.股利支付率
C.杠杆比率　　D.销售净利率

19.为平衡销售增长对资金需求的要求，公司不可采取的方法是（　　）。
A.提高销售净利率　　B.增加负债与股权资本比率
C.减少股利发放率　　D.减少销售净利率

20.仅仅依靠新增的留存收益和自然融资形成的资金来源（假设折旧全部用于当年的更新改造），企业能够实现的最大增长率是（　　）。
A.内含增长率　　B.可持续增长率
C.销售增长率　　D.资本增长率

二、多项选择题

1.财务计划就是为企业未来的发展变化制定方针、政策，这些方针包括（　　）。
A.明确企业的财务目标
B.分析企业目前的财务状况与既定目标之间的差距
C.制定销售策略
D.指出企业为达到目标应采取的行动
E.分析产品性能

2.战略计划包括的因素有（　　）。
A.企业目标　　B.行业地位
C.经营计划　　D.竞争能力
E.财务计划

3.影响销售预测的外界因素有（　　）。
A.需求动向　　B.经济变动
C.同业竞争动向　　D.政府、消费者团体的动向
E.营销策略

4.影响销售预测的内部因素有（　　）。
A.营销策略　　B.销售政策
C.同业竞争动向　　D.销售人员
E.生产状况

5.判断分析法的具体方式包括（　　）。
A.意见汇集法　　B.特尔菲法
C.专家小组法　　D.模拟顾客综合判断法
E.市场调研法

6.趋势预测分析法根据所采用的具体数学方法的不同，又包括（　　）。
A.算术平均法　　B.移动加权平均法
C.指数平滑法　　D.回归分析法

E.二次曲线法

7.在销售百分比法下，与销售收入成固定比例的项目有（　　）。

A.应收账款　　B.存货

C.生产力饱和的固定资产　　D.应付账款

E.长期借款

8.由外部资金需要量的计算公式可以看出，预测外部资金需要量的关键决定因素有（　　）。

A.销售收入增长　　B.资本强度

C.自发性负债销售收入比率　　D.销售净利率

E.股利支付率

9.下列属于财务计划功能的有（　　）。

A.明确财务决策之间的相互关系　　B.提出备选方案

C.可行性分析　　D.避免意外

E.制定企业财务目标

10.财务计划系统地阐述了实现财务目标的方法，它包含的要素有（　　）。

A.成本　　B.期限

C.汇总　　D.收益

E.销售量

三、判断题

1.财务计划是指对未来特定时间内，全部产品或特定产品的销售数量与销售金额的估计。（　　）

2.市场调研法主要是根据熟悉市场未来变化的专家的丰富实践经验和综合判断能力，在对预测期销售情况进行综合分析研究以后所作出的产品销售趋势的判断。（　　）

3.趋势预测分析法是利用销售变量与时间存在的相关关系，通过对历史数据的分析建立预测模型，然后根据未来期间的变化来预测将来的销售量或销售收入。（　　）

4.算术平均法只适用于在预测期内销售量或销售额变化不大的公司的销售预测。（　　）

5.指数平滑法就是遵循“重远轻近”的原则，对全部历史数据采用逐步衰减的不等加权办法进行数据处理的一种预测方法。（　　）

6.使用指数平滑系数来进行预测，对远期的数据观察值赋予较大的权重，而对以前各个时期的数据观察值则顺序地赋予递减的权重。（　　）

7.回归分析主要是研究事物变化中的两个或两个以上因素之间的因果关系，并找出其变化的规律，应用回归数学模型，预测事物未来的发展趋势。（　　）

8.固定资产类项目代表了企业的生产能力，因此固定资产类项目会与销售额成一定比例。（ ）

9.销售净利率越高，内含增长率越高；股利支付率越高，内含增长率越低。（ ）

10.可持续增长率与杠杆比率（B/E）和销售净利率负相关，与股利支付率正相关。（ ）

四、简答题

1.简述财务计划对企业战略实施的主要作用。

2.简述销售预测的作用。

3.简述财务计划的基本内容。

4.简述销售百分比法的预测内容。

5.简述销售预测的基本程序。

五、计算分析题

1.ABC公司是生产医疗器械设施的工业制造业的企业，2020年1—12月医疗器械产品的实际销售量见表7-1。

表7-1　医疗器械产品实际销售量和预测值表

月份	实际销量（台）	三个月移动平均值（n=3）	四个月移动平均值（n=4）
1	100 150	—	—
2	130 180	—	—
3	150 210	—	—
4	180 220		—
5	200 230		
6	220 220		
7	230 250		
8	250 240		
9	270 250		
10	260 260		
11	270 280		
12	300 290		

要求：请利用移动加权法预测三个月的移动平均值和四个月的移动平均值。

2.XYZ公司2021年1—4月电视机的销售额情况见表7-2。根据专家预测该公司的平滑指数α为0.6，1月份销售额的预测值为280万元。

表7-2 **实际销售额与预测销售额** 单位：万元

月份（t）	实际销售额（D_{t-1}）	$\alpha \cdot D_{t-1}$ ①	$(1-\alpha) \cdot x_{t-1}$ ②	x_t ③=①+②
1	250	—	—	280
2	280			
3	260			
4	290			
5				

要求：根据指数平滑法预测2021年2—5月的销售额。

3.KH公司为专门生产越野汽车轮胎的企业，而决定轮胎销售量的主要因素是越野汽车的销售量。假设近5年该地区越野汽车的实际销售量和该公司轮胎的实际销量的统计资料见表7-3。经过市场调研，2022年该地区的越野汽车销售量预计为280万辆。

表7-3 **实际销售量资料表**

年 度	轮胎销售量（万只）y	越野车销售量（万辆）x
2017年	2 300	220
2018年	2 700	340
2019年	2 890	280
2020年	3 010	320
2021年	3 100	340

要求：用最小二乘法预测该公司2022年轮胎的销售量。

4.R公司2021年简化的资产负债表见表7-4。2021年销售收入为10 507 720万元。假设该公司在2022年销售收入将增加10%，计划期销售净利率为10%，股利支付率为50%。

要求：(1) 预测2022年新增外部融资额；

(2) 计算该公司的内含增长率；

(3) 假设该公司财务政策不变，计算该公司的可持续增长率。

表 7-4　　R公司资产负债表（简化式）　　金额单位：万元

资产项目	2021年	占销售额的百分比（%）	负债和所有者权益项目	2021年	占销售额的百分比（%）
货币资金	57 027		短期借款	402 328	
交易性金融资产	11 700	—	交易性金融负债	2 163	—
应收账款	2 106 364		应付账款	828 649	
存货	2 031 842		流动负债合计	1 233 140	
流动资产合计	4 206 933		长期借款	236 000	—
长期股权投资	213 896		专项应付款	2 341	
投资性房地产	23 267		非流动负债合计	238 341	—
固定资产	2 875 197		负债合计	1 471 481	—
非流动资产合计	3 112 360		股本	200 000	
			留存收益	5 647 812	—
			所有者权益合计	5 847 812	—
资产总计	7 319 293		负债和所有者权益总计	7 319 293	

5.假设玉堂公司2021年的利润表项目见表7-5第三列，表中第二列列示了预测方法。为分析方便，假设：（1）在预测期内销售收入增长10%；（2）销售成本比销售收入继续保持75%的比例，管理费用（不包括折旧）预计增长5%，折旧费用预计增长10%，利息费用由借款数额与利率决定，短期借款利率为6%，长期借款利率为10%，所得税税率为25%；（3）目前股利支付率为60%。玉堂公司2021年的资产负债表项目见表7-6第三列，表中第二列列示了预测方法。为分析方便，假设：（1）公司现金、固定资产净值增长率与销售收入相同；（2）各期提取折旧全部用于当年固定资产更新改造；（3）各期应收账款、存货、应付账款按周转天数预测；（4）交易性金融资产、长期股权投资、投资性房地产、交易性金融负债保持不变；（5）短期借款用于经营活动资金周转，与销售收入增长率相同；（6）长期借款暂时保持不变；（7）专项应付款的增长率与销售收入增长率相同；（8）累计留存收益等于上年留存收益加上本年净收益减本年支付的股利；（9）股本保持不变；（10）外部资金需求由长期借款满足。

要求：编制2022年预计利润表和预计资产负债表。

表7-5　　**实际与预计利润表**　　单位：万元

项　目	预测方法	2021年	2022年预测数
销售收入	增长率（10%）	2 476	
销售成本	占销售收入百分比（75%）	1 857	
毛利	会计定义	619	
管理费用	增长率（5%）	242	
其中：折旧	增长率（10%）	80	
息税前利润	会计定义	377	
利息	暂时保持不变	100	
税前利润	会计定义	277	
所得税（25%）	会计定义	69.25	
净利润	会计定义	207.75	
股利	股利政策（60%）	124.65	
留存收益	本年净利润-股利	83.1	

表7-6　　**实际与预计资产负债表**　　单位：万元

项目	预测方法	2021年	2022年预测数
资产			
货币资金	占销售收入百分比（1.5%）	37.14	
交易性金融资产	保持不变	230	
应收账款	周转天数（60）	412.67	
存货	周转天数（120）	825.33	
流动资产合计	会计定义	1 505.14	
长期股权投资	保持不变	650	
投资性房地产	保持不变	136	
固定资产	占销售收入百分比（28%）	693.28	
非流动资产合计	会计定义	1 479.28	
资产总计	会计定义	2 984.42	

续表

项目	预测方法	2021年	2022年预测数
负债和所有者权益			
短期借款	占销售收入百分比（10%）	247.6	
交易性金融负债	保持不变	26	
应付账款	周转天数（90）	619	
流动负债合计	会计定义	892.6	
长期借款	暂时保持不变	555	
专项应付款	占销售收入百分比（1%）	24.76	
非流动负债合计	会计定义	579.76	
负债合计	会计定义	1 472.36	
股本	保持不变	1 000	
累计留存收益	上年留存收益+本年留存收益	512.06	
所有者权益合计	会计定义	1 512.06	
负债和所有者权益总计	会计定义	2 984.42	

六、论述题

在编制预计利润表时，财务费用应如何预测？在编制预计资产负债表时，要通过哪个变量调平报表？预计利润表和预计资产负债表存在哪些钩稽关系？

七、案例分析题

泸州老窖（000568）公司财务预测

2021年初，“茅台院士”事件引发了股票资本市场对白酒行业的关注，机构投资者、证券分析师等中介机构纷纷对白酒行业的公司市值进行评估。泸州老窖也同样得到了资本市场的追踪和评估。为了解公司价值受此次事件的影响，泸州老窖财务总监欲进行价值评估，首先需要对泸州老窖进行财务预测，假设只需要预测未来五年的财务数据。财务总监根据泸州老窖的销售、采购、生产、财务等部门经理提供的资料得出了如下的财务预测基础资料（见表7-7）及各报表项目的预测方法。2020年实际利润表和资产负债表见表7-8和表7-9。

请你独立完成泸州老窖的财务预测（完成表7-8和表7-9）。

表7-7 **财务预测基础数据**

项目	2021年	2022年	2023年	2024年	2025年
营业收入增长率	20%	23%	18%	15%	10%
销售费用增长率	8%	8%	7%	6%	5%
管理费用增长率	6%	7%	5%	3%	2%
非正常性损益	1%	1%	1.5%	0.50%	0.50%
短期借款利率	5%	5%	5%	5%	5%
长期借款利率	5%	5%	5%	5%	5%
存款利率	2%	2%	2%	2%	2%
股利支付率	30%	35%	40%	45%	50%

表7-8 **利润表及预计利润表**[①] 单位：万元

项目	实际值	预测方法	预测值				
	2020年		2021年	2022年	2023年	2024年	2025年
营业收入	1 665 285	按表7-7增长					
营业成本	282 348.5	营业成本率固定					
税金及附加	222 357.2	占营业收入13.35%					
销售费用	309 065.6	按表7-7增长					
管理费用	84 445.45	按表7-7增长					
研发费用	8 585.812	占营业收入0.52%					
息税前利润	758 483	会计定义					
财务费用	-13 244.5	短期借款×短期借款利率+长期借款×长期借款利率-货币资金×存款利率					
非正常性损益	22 175.2	按表7-7增长					
总利润	793 902.7	会计定义					
所得税	198 051.2	所得税税率25%					
净利润	595 851.5	会计定义					
股利		按表7-7提取					
盈余公积金		提取比率7%					

① 根据泸州老窖（000568）2020年第三季度报表数据编制。

表 7-9　　资产负债表及预计资产负债表①　　单位：万元

项目	实际值	预测值					
	2020年	预测方法	2021年	2022年	2023年	2024年	2025年
货币资金	1 162 487	占营业收入70%					
应收账款	321 088	平均周转天数46.5天					
预付款项	7 469	占营业收入0.3%					
其他应收款	12 703	占营业收入0.53%					
存货	469 566	占营业收入27%					
其他流动资产	15 657	占营业收入0.85%					
流动资产合计	1 988 970	会计定义					
长期股权投资	247 767	占营业收入12.47%					
其他权益工具投资	34 716	占营业收入1.5%					
固定资产及在建工程	889 924	占营业收入42%					
无形资产	265 712	占营业收入22.08%					
其他非流动资产	73 832	占营业收入3%					
非流动资产合计	1 511 951	会计定义					
资产总计	3 500 920	会计定义					
应付账款	440 441	占营业收入20.56%					
其他经营性负债	305 267	占营业收入7.5%					
其他流动负债	29 049	占营业收入1.44%					
流动负债合计	774 757	会计定义					
长期借款	0	调平变量					
其他非流动负债	407 976	占营业收入1.84%					
非流动负债合计	407 976	会计定义					
负债合计	1 182 733	会计定义					
股本及资本公积	537 359	保持不变					
留存收益	1 780 827	会计定义					
所有者权益合计	2 318 187	会计定义					
负债与所有者权益总计	3 500 920	会计定义					

① 根据泸州老窖（000568）2020年第三季度报表数据编制。

第8章 财务管理决策

一、单项选择题

1.对于资本投资决策而言，下列参数中最关键的是（　　）。

A.现金流量　　B.折现率

C.折现期　　D.机会成本

2.下列项目中与确定投资项目现金流量无关的是（　　）。

A.机会成本　　B.沉没成本

C.重置成本　　D.差额成本

3.下列项目中属于投资项目评价折现指标的是（　　）。

A.投资回收期　　B.会计收益率

C.内含报酬率　　D.投资报酬率

4.在估算投资项目现金流量时，下列中不予考虑的因素是（　　）。

A.折旧额　　B.税负损益

C.营业收入　　D.项目论证费

5.内含报酬率是指能够使净现值为（　　）时的折现率。

A.0　　B.1

C.>1　　D.<1

6.下列项目中属于权益融资方式的是（　　）。

A.银行借款　　B.发行债券

C.留存收益　　D.商业信用

7.当个别资本成本一定时，综合资本成本大小主要取决于（　　）。

A.筹资渠道　　B.筹资权重

C.筹资方式　　D.筹资期限

8.财务杠杆系数越大，财务风险（　　）。

A.越大　　B.越小

C.不变　　D.三种可能都存在

9.财务杠杆效应的产生主要与下列因素有关（　　）。

A.营业成本　　B.债务利息

C.变动成本　　D.固定生产成本

10.财务杠杆系数的大小主要与下列因素有关（　　）。

A.资产负债率　　B.资产周转率

C.资产净利率　　D.资本增值率

11.下列中与确定现金持有量无关的项目是（　　）。

A.投资收益　　B.投机损失

C.信用损失　　D.管理人员工资

12.在计算现金周转期时，不应考虑的因素是（　　）。

A.应收账款周转期　　B.流动资产周转期

C.存货周转期　　D.应付账款周转期

13.应收账款信用成本中不包括的内容是（　　）。

A.管理成本　　B.坏账成本

C.短缺成本　　D.机会成本

14.应收账款信用政策不包括的内容是（　　）。

A.信用标准　　B.信用条件

C.收账政策　　D.信用额度

15.下列项目中与存货相关的成本内容是（　　）。

A.管理成本　　B.信用成本

C.缺货成本　　D.机会成本

16.从股东自身的角度看，影响股利政策制定的因素是（　　）。

A.资本保全　　B.举债能力

C.投资机会　　D.稳定的收入

17.集稳定性与灵活性于一体的股利政策是（　　）。

A.剩余股利政策　　B.低正常加额外股利政策

C.固定或增长政策　　D.固定支付率政策

18.领取股利的权利与股票彼此分开的日期是指（　　）。

A.股利宣告日　　B.股权登记日

C.除息日　　D.股利支付日

19.公司发放股票股利后，下列项目中不发生变化的是（　　）。

A.股本　　B.盈余公积

C.资本公积　　D.未分配利润

20.我国法律规定，公司发放股利只能采用（　　）两种方式。

A.现金股利与股票股利　　B.财产股利与负债股利

C.现金股利与财产股利　　D.股票股利与负债股利

二、多项选择题

1.下列属于决策相关成本的有（ ）。

A.未来成本 B.重置成本

C.历史成本 D.机会成本

E.差额成本

2.下列属于折现评价指标的有（ ）。

A.投资回收期 B.净现值

C.现值指数 D.内部收益率

E.会计收益率

3.下列属于融资动机的有（ ）。

A.创立动机 B.维持动机

C.扩充动机 D.交易动机

E.预防动机

4.下列属于债务融资方式的有（ ）。

A.银行借款 B.发行债券

C.商业信用 D.应付税金

E.发行股票

5.资本结构决策的影响因素很多，主要有（ ）。

A.企业财务目标 B.企业发展阶段

C.企业财务状况 D.行业差别

E.债权人态度

6.最佳现金持有量的确定模式主要有（ ）。

A.经济批量模式 B.成本分析模式

C.现金周转模式 D.存货模式

E.随机模式

7.下列中影响财务杠杆系数大小的因素有（ ）。

A.债务规模 B.权益乘数

C.每股收益 D.息税前利润

E.固定生产成本

8.下列投资项目评价指标中，需事前估计折现率的有（ ）。

A.投资回收期 B.会计收益率

C.净现值 D.现值指数

E.内含报酬率

9.评价投资项目是否可行需满足的条件有（ ）。

A.净现值 > 0 B.净现值 > 1

C.现值指数 > 1　　　　D.现值指数 > 0

E.内含报酬率 > 0

10.下列中影响投资项目现金流量的因素有（　　）。

A.建设投资　　　　B.项目论证费

C.市场调研费　　　　D.税负损益

E.折旧抵税额

三、判断题

1.在确定投资项目的现金流量时，非货币资源的变现价值也应考虑在内。（　　）

2.折旧、摊销等属于费用性质的支出，应将其作为现金流量的减项来处理。（　　）

3.未来现金流入量与未来现金流出量相等时的折现率即为内含报酬率。（　　）

4.应收账款金额越大，应收账款收账成本和机会成本越大。（　　）

5.在其他条件不变的情况下，固定的资本成本所占比重越大，财务杠杆效应越明显。（　　）

6.经营杠杆系数与财务杠杆系数之和就是企业的总风险。（　　）

7.最优资本结构是同时使综合资本成本最低、每股收益最大的资本结构。（　　）

8.管理成本对现金持有量的确定并不产生影响作用。（　　）

9.若延长信用期能使企业利润增加，则可视为可行。（　　）

10.出于对风险的回避，大部分投资者更偏向于现金股利收益。（　　）

四、简答题

1.什么是资本投资？它有哪些特点？

2.什么是财务杠杆现象？什么是财务杠杆系数？

3.企业持有现金的动机和目的是什么？

4.剩余股利政策的基本思想是什么？

五、计算分析题

1.远大公司2022年拟投资15 500元购入一台新设备用于生产新产品W，该设备预计残值为500元，可使用3年，按直线法折旧。设备投产后每年营业收入增加额分别为10 000元、20 000元和15 000元。除折旧外的费用增加额分别为400元、12 000元和5 000元。假设所得税税率为25%。公司要求的最低报酬率为10%。公司目前的年税后利润为20 000元。

要求：（1）假设公司经营无其他变化，预测未来3年每年的税后利润。

（2）分别按三种不同模式预测新项目的各年现金净流量。

（3）计算新项目的投资回收期、会计收益率、净现值和现值指数。

（4）根据净现值评价新项目的可行性。

2.某公司拟筹资1 000万元，投资于A项目，其中：银行借款400万元，借款年利率8%，筹资费率2%；发行债券300万元，票面利率10%，筹资费率3%；发行普通股200万元，股票发行价格为每股20元，筹资费率4%，最近一期支付的股利为每股2元，股利增长率5%；利用留存收益100万元。公司适用的所得税税率为25%。假定投资报酬率15%。

要求：分析这项投资是否可行。

3.某公司资本总额为1 000万元，其中：债务资本500万元，负债平均利率10%。普通股本500万元，每股收益2元。公司当前的息税前利润为100万元，预计明年息税前利润增长10%。已知公司的总杠杆系数为6。

要求：（1）计算财务杠杆系数；（2）计算经营杠杆系数；（3）计算预计每股收益。

4.某公司现有资本500万元，其中：债务资本200万元，负债利率10%。普通股本300万元，股数10万股，每股面值30元。公司拟追加筹资300万元，有A、B两个方案。A方案：按10%票面利率发行债券。B方案：按原面值增发股票。公司适用的所得税税率为25%。增资后息税前利润可达到100万元。

要求：分析哪个筹资方案更好。

5.某公司2022年预计全年现金需求量为200万元，预计应收账款周转期为80天，存货周转期为120天，应付账款周转期为155天。目前，市场上有价证券年利率为1%，现金与有价证券的转换交易成本为每次25元。

要求：分别按现金周转模式和存货模式计算现金持有量及交易次数。

6.某公司采用赊销方式销售商品，预计全年赊销额为240万元，应收账款周转次数为12次，变动成本率为60%，坏账损失率为2%，收账成本为1万元。资本成本为10%。假设固定成本保持不变。

要求：计算信用成本后收益。

六、论述题

1.公司采取不同的股利政策的理由分别是什么？

2.如何选择营运资本的管理策略？

七、案例分析题

我不知道你为了谁

上市公司在利润分配过程中，也存在高分红的现象。从理论上来讲，现金分红是上市公司给予投资者的真实回报，高分红当然也是上市公司给予投资者的高回报。但事实是否如此，恐怕未必尽然。

例如，信立泰是2010年推出最“牛”分配方案的公司之一，该公司拟以总股本11 350万股为基数，每10股派10元转增10股。其中，仅分红一项就达到每股1元，共计分配现金红利11 350万元。由于信立泰的大股东信立泰药业股份有限公司一家就持有8 121.75万股该公司股份，因此，在该公司的分红中，信立泰药业股份有限公司一家就拿走了8 121.75万元的现金红利。

不仅如此，一些新上市的公司之所以采取高分红，也是因为公司拥有大量超募资金的缘故。例如，桂林三金推出了每10股派5.5元的高派现方案，派现总额约2.5亿元，相当于其上年净利润的81.4%。该公司之所以推出如此高的现金分红方案，显然与该公司的超募资金有关。该公司上年新股发行时，收获超募资金2.25亿元。在超募资金没有合适投资项目的情况下，该公司就将大量的资金以现金分红的方式派给公司的大股东。在桂林三金的股权结构中，大股东就占据了公司61.11%的股份。此外，公司高管也持有大量股份，如董事长邹节明通过分红可得现金红利2 259万元，一人所得红利基本上逼近了全部公众投资的红利金额。

问题分析：如何看待上市公司的高分红现象？

第9章 财务控制

一、单项选择题

1.财务控制是内部控制的重要组成部分，它是从（　　）的角度实施管理控制的。

A.财务会计　　B.财务管理

C.管理会计　　D.审计

2.按照《现代会计百科辞典》的解释，（　　）是利用财务反馈信息影响与调节财务活动，使之按照预定目标运行的过程。

A.内部控制　　B.管理控制

C.内部会计控制　　D.内部财务控制

3.财务控制系统中的核心主体是（　　）。

A.公司董事会　　B.公司各级经营管理者

C.财务部门　　D.会计部门

4.在进行财务控制活动时应遵循的原则不包括（　　）。

A.全面性原则　　B.合法性原则

C.合理性原则　　D.经济性原则

5."遵循内部牵制"指的是财务控制活动的（　　）。

A.全面性原则　　B.协调性原则

C.及时性原则　　D.客观性原则

6.既可以控制系统的最终成果，也可用于控制系统中间成果的是（　　）。

A.前馈控制　　B.反馈控制

C.实时控制　　D.现场控制

7.业务人员在日常的工作活动中执行具体的预算、分析、考核等的控制活动属于（　　）。

A.高层控制　　B.中层控制

C.低层控制　　D.基层控制

8.在某项财务活动发生之前，按照既定的程序对其正确性、合理性、合法性进行核准，并确定是否准予其发生所进行的控制是（　　）。

A.授权书控制　　B.预算控制

C.内部报告控制　　D.财务结算中心控制

9.资产控制的特点不包括（　　）。

A.全面性　　B.全程性

C.合法性　　D.不同资产控制的差别性

10.对资产进行财务控制的最重要的目标是（　　）。

A.保证资产的安全和完整　　B.保证资产计价的正确性

C.提高资产使用效率　　D.合理确定流动资产的持有量

11.出资人的所有者权益控制一般不包括（　　）。

A.对资本运作的控制　　B.对经营者的控制

C.对实收资本的控制　　D.对盈余管理行为的控制

12.以下不属于资产控制内容的是（　　）。

A.应收款项控制　　B.无形资产控制

C.长期投资控制　　D.资本公积控制

13.应重点关注安全性及流动性，尽量缩短周转周期的是（　　）。

A.流动资产控制　　B.固定资产控制

C.无形资产控制　　D.长期投资控制

14.对货币资金要做到账实相符是为达到资产控制目标中的（　　）。

A.保证资产的安全和完整　　B.保证资产计价的正确性

C.提高资产使用效率　　D.合理确定流动资产的持有量

15.简单地说，企业对（　　）进行控制就是对企业资本结构进行安排。

A.负债总额　　B.负债期限结构

C.长期负债成本　　D.负债风险

16.在一般情况下，保守的管理层比较倾向于（　　）。

A.低负债融资，且多利用流动负债　　B.低负债融资，且多利用长期负债

C.高负债融资，且多利用流动负债　　D.高负债融资，且多利用长期负债

17.负债控制的最基本目标是（　　）。

A.确保企业选择合适的资本结构　　B.确保及时足额地筹集到负债资金

C.确保及时足额还本付息　　D.降低负债融资的成本和风险

18.所有者权益控制的首要目标是（　　）。

A.保证出资人资产的安全和有效运作

B.保证所有者权益信息的合法性

C.保证所有者权益信息的真实性和完整性

D.实现所有者和经营者权力的制衡

19.制定良好的销售价格政策属于收入控制中的（　　）。

A.商品销售收入控制
B.提供劳务收入控制
C.让渡资产使用权获取的利息收入控制
D.让渡资产使用权获取的使用费收入控制

20.利润控制的特点一般不包括（　　）。

A.灵活性　　B.综合性
C.合法性　　D.目的性

二、多项选择题

1.财务控制的特征表现为，它是一种（　　）。

A.价值控制　　B.综合控制
C.动态控制　　D.静态控制
E.系统控制

2.在通常情况下，财务部门的职责包括（　　）。

A.财务制度建设　　B.会计核算
C.资金管理　　D.预算与成本费用管理
E.绩效管理

3.财务控制的客体应当包括（　　）。

A.人力资本　　B.智力资本
C.债务资本　　D.权益资本
E.财务关系

4.按照控制权的集中程度，财务控制可以分为（　　）。

A.直接控制　　B.间接控制
C.集中控制　　D.分散控制
E.分级控制

5.在一般情况下，预算控制应包括（　　）。

A.预算编制控制　　B.预算执行控制
C.预算调整控制　　D.预算分析控制
E.预算考核控制

6.财务结算中心的业务主要包括（　　）。

A.账户管理　　B.内部资金调配
C.内部结算　　D.对外业务
E.资金管理

7.一般来说，负债控制的内容应包括（　　）。

A.负债总额的控制　　B.负债来源的控制
C.负债期限结构的控制　　D.长期负债成本的控制

E.负债风险的控制

8.在各项财务控制的内容中，可将特点归纳为“控制内容比较复杂”的有（　　）。

A.资产控制　　B.负债控制
C.所有者权益控制　　D.收入控制
E.费用控制

9.在各项财务控制的内容中，可将特点归纳为“注重控制的全程性”的有（　　）。

A.资产控制　　B.负债控制
C.所有者权益控制　　D.收入控制
E.费用控制

10.在一般情况下，利润控制的内容应包括（　　）。

A.利润总额控制　　B.利润期限控制
C.利润构成控制　　D.净利润控制
E.利润分配控制

三、判断题

1.与实时控制相比，反馈控制的成本水平相对要高。（　　）

2.“授权降价出售特定商品”属于授权书控制中的一般授权。（　　）

3.根据不相容职务分离原则，保管财产物资和对其进行记录的职务要分离，不能兼任。（　　）

4.预算控制的核心是“内部牵制”。（　　）

5.在一般情况下，企业资产的流动性和其盈利性成正比。（　　）

6.一般来说，长期负债的资本成本比短期负债的资本成本高。（　　）

7.所有者权益信息的正确性在某种程度上也取决于资产信息和负债信息的正确性。（　　）

8.收入控制具有不可预测性的特点。（　　）

9.费用控制的首要目标是确保成本费用发生的合理性。（　　）

10.在利润分配控制中，要保证利润分配的可实现性。（　　）

四、简答题

1.什么是财务控制？企业实施财务控制想要达到的总体目标是什么？

2.财务控制的主体和客体分别是什么？

3.按照控制的内容划分，财务控制的内容应该包括哪些？

4.资产控制的内容和目标是什么？

5.所有者权益控制有什么特点？

五、论述题

1.企业实施财务控制可以采用哪些方法?

2.利润控制主要应包括哪些内容?

六、案例分析题

费用的财务控制案例

甲公司是一家制衣公司，当前的规定是：差旅费补贴标准为每人每天50元。财务总监对此的解释是：公司要控制差旅费用支出，要严格执行预算，不能让员工认为出差能赚钱就经常申请出差。但销售总监提出，应提高差旅费补贴标准，他的理由是：应该尽量让补贴标准高一些，让销售人员额外赚到一些钱，也更愿意出差，这样才有可能带来更多的客户。

乙公司是一家食品公司。最近销售总监和财务总监产生了分歧，起因是：销售部因一项新业务多次与财务部沟通，但都遭到了财务总监的严词拒绝。到了年底，同行业其他公司业绩都大幅增长，而该公司却是原地踏步。董事长对销售团队发起了问责，销售总监立刻拉出了财务总监做挡箭牌。但财务总监却认为：业务增长不重要，重要的是利润，公司追求的是利润最大化，必须要降低费用才能产生更多的利润。

这两家公司发生的问题是比较具有普遍意义的。甲公司财务总监的观点代表了以各种理由限制费用支出的一类公司，比如限制公司的广告费支出、销售部的招待费等；而销售总监代表的是这一类公司的对立面。乙公司财务总监的目光集中在利润指标上，一切以利润作为基本的导向。

要求：分别对以上两家公司的财务总监和销售总监的做法进行简单的评判，并说明理由。

第10章 国际财务管理

一、单项选择题

1.以下风险中，最重要的是（　　）。

A.商品交易风险　　B.外汇借款风险

C.会计折算风险　　D.经济风险

2.跨国公司财务管理的目标是（　　）。

A.整体价值最大化　　B.各个独立子公司价值最大化

C.整体利润最大化　　D.各个独立子公司利润最大化

3.采用直接标价的前提下，如果需要比原来更少的本币就能兑换一定数量的外国货币，则表明（　　）。

A.本币币值上升，外币币值下降，通常称为外汇汇率上升

B.本币币值下降，外币币值上升，通常称为外汇汇率上升

C.本币币值上升，外币币值下降，通常称为外汇汇率下降

D.本币币值下降，外币币值上升，通常称为外汇汇率下降

4.已知欧元对美元升值了25%，则美元相对于欧元的汇率变动百分比是（　　）。

A.10%　　B.-10%

C.20%　　D.-20%

5.由于汇率变动引起的公司预计现金流量发生变化而造成损失的可能性属于（　　）。

A.交易风险　　B.折算风险

C.经济风险　　D.政治风险

6.假定加拿大元汇率由1.12加拿大元/美元变化为1.05加拿大元/美元，则加拿大元相对于美元升值了（　　）。

A.-6.67%　　B.6.67%

C.6.25%　　D.-6.25%

7.两家跨国公司拥有相反的优势货币和货币需求，相互交换货币的交易是指（　　）。

A.货币期权交易　　B.货币期货交易
C.货币互换交易　　D.远期外汇交易
8.企业的合并报表受汇率波动影响的风险，被称为（　　）。
A.混合风险　　B.折算风险
C.交易风险　　D.经济风险
9.跨国公司海外投资项目所面临的投资风险在根本上源自（　　）。
A.东道国的地理环境　　B.东道国的经济状况
C.东道国的法规限制　　D.东道国的宗教信仰
10.下列不属于国际直接投资方式的是（　　）。
A.国际合资投资　　B.国际合作投资
C.国际财物资助　　D.国际独资投资
11.在一定时期内某一经济体（通常指一国或地区）与世界上其他经济体之间的各项经济往来是（　　）。
A.国际融资　　B.融资收益
C.国际收支　　D.国际支出
12.国际财务管理与跨国企业财务管理两个概念（　　）。
A.完全相同　　B.截然不同
C.仅是名称不同　　D.内容有所不同
13.国际财务管理的特点不包括（　　）。
A.新的环境因素　　B.新的风险来源
C.新的经济机会　　D.新的管理方法
14.企业的外汇风险归根结底是由（　　）引起的。
A.外币计价　　B.汇率变动
C.时间过长　　D.本币计价
15.国外投资是一种复杂的生产经营活动，尤其是（　　）。
A.国际直接投资　　B.国际间接投资
C.国际债券投资　　D.国际股票投资
16.外汇交易的双方按照协定的汇率，就将来是否购买某种货币，或是否出售某种货币的选择权预先签订的一种合约是（　　）。
A.外汇择期　　B.外汇掉期
C.外汇期权　　D.外汇期货
17.一国国际收支顺差，则该国货币汇率就会（　　）。
A.上升　　B.下降
C.不变　　D.以上都有可能
18.信用额度借款的最大优点是为企业提供了（　　）。
A.风险规避　　B.浮动贷款

C.筹资弹性　　D.固定贷款

19.下列符合现金特点的是（　　）。

A.流动性好，盈利能力较差　　B.流动性好，盈利能力较好

C.流动性差，盈利能力较好　　D.流动性差，盈利能力较差

20.下列不属于国际企业现金管理办法的是（　　）。

A.集中现金管理　　B.多边净额结算

C.多国现金调度系统　　D.双边总额结算

二、多项选择题

1.下列选项中，属于国际财务管理的内容的有（　　）。

A.外汇风险管理　　B.国际融资管理

C.国际投资管理　　D.境外资金管理

E.国际贸易管理

2.下列属于影响国际财务管理的重大因素的有（　　）。

A.经济因素　　B.文化因素

C.政治因素　　D.汇率因素

E.法律因素

3.外汇借款的风险可能包括（　　）。

A.市场风险　　B.生产技术风险

C.经营管理风险　　D.利率风险

E.汇率风险

4.加强外汇收支管理可以采用的措施有（　　）。

A.事先认真做好可行性研究

B.加速原材料国产化

C.建立健全外汇收支管理制度

D.不断改进生产技术，提高出口产品竞争能力

E.努力开发新产品

5.境外子公司的不可控因素应该包括（　　）。

A.转移价格　　B.通货膨胀

C.汇率波动　　D.利率波动

E.管理费用

6.预测汇率时，因素分析法中所涉及的经济因素主要包括（　　）。

A.国际收支　　B.外汇储备

C.货币供应量　　D.外汇管制状况

E.国际通货膨胀

7.国际财务管理目标一般具有的特点有（　　）。

A.层次性　　B.稳定性
C.对立统一性　　D.持续经营性
E.复杂性

8.属于国际直接投资方式的有（　　）。
A.跨国创建　　B.跨国并购
C.国际证券投资　　D.跨国外汇买卖
E.国际债券投资

9.与国内融资相比，国际融资的特点主要表现在（　　）。
A.融资风险大　　B.资金成本可降空间大
C.融资规模效应明显　　D.融资管制和信息透明度要求高
E.融资手续简便

10.以下属于跨国企业资金集中管理的作用的有（　　）。
A.有利于将整个国际企业的现金持有量降到最低
B.有利于控制国际企业的现金流量，调剂各子公司之间的资金余缺
C.有利于缩小资金转移规模，降低资金转移成本并有效规避汇率变动风险
D.有利于为企业提供充足的信息
E.有利于对企业的宏观调控

三、判断题

1.假定加拿大元汇率由1.5加拿大元/美元变为1.7加拿大元/美元，则美元相对于加拿大元升值了13.33%，加拿大元相对于美元贬值了11.76%。（　　）

2.美国存托凭证（ADRs）降低了交易成本，为美国人投资于美国公司提供了便利。（　　）

3.国际收支是指一定时间内某一经济体与世界上其他经济体之间的各项经济交易。（　　）

4.经济风险是汇率变动对企业已经发生的经济业务产生的影响，交易风险和折算风险则是汇率变动对企业未来交易可能产生的影响。（　　）

5.买入汇率（又称外汇买入价），是指企业买入外汇时所使用的汇率。（　　）

6.对所有货币而言，均衡汇率是通过在外汇市场的交易达到的，外汇均衡状态的调整取决于外汇的流动性。（　　）

7.基本预测法是指利用历史的汇率数据来预测未来汇率。（　　）

8.外汇风险按照其形成原因可以分为交易风险、经济风险和折算风险。（　　）

9.合约性避险策略是公司利用金融工具进行保值避险活动。（　　）

10.与国际股权融资不同的是，国际债务融资并不涉及所有权的问题。（　　）

四、简答题

1.简述交易风险的表现形式。

2.简述企业管理交易风险面临的三项任务。

3.简述外汇风险的管理策略。

4.简述国际投资的特点。

五、计算分析题

1.中国银行和招商银行关于英镑的买卖报价见表10-1，如果你有1 000 000元人民币，可从地点套利中获得多少收益呢？

表10-1 银行买卖英镑报价表 单位：百元人民币

币种	中国银行		招商银行	
	买入价	卖出价	买入价	卖出价
英镑	990.13	1 009.48	1 016.26	1 019.78

2.招商银行预计美元对人民币汇率将在30日内从目前的1美元=6.3元人民币升值到1美元=6.35元人民币。招商银行能够从其他银行借入2 000万元人民币的短期借款，目前同业拆借市场上的短期利率（年利率）见表10-2。

表10-2 同业拆借市场上的短期利率（年利率）

币别	借出利率（%）	借入利率（%）
人民币	2.19	2.84
美元	2.25	2.40

要求：计算招商银行利用预期汇率的投机收益。

六、论述题

试论述跨国公司国际直接投资面临的风险。

七、案例分析题

2018年，中国坚持稳中求进工作总基调，稳步实施“对外投资创新行动计划”，完善境外企业管理服务模式，积极引导有条件的企业“走出去”，对外直接投资呈现质量提升、行业优化、对“一带一路”高质量投资增加等新亮点。

1.对外直接投资行业结构进一步优化。

2018年，中国在对外投资合作中坚持贯彻落实高质量发展要求，在对外直接投资领域加强规划引导，完善监管服务，营造良好环境，房地产等领域的对外直接投资得到有效遏制，流向信息传输/软件和信息技术服务业、科学研究和技术服务业、金融业等知识技术密集型行业的投资实现较快增长，对外直接投资行业结构进一步优化。根据《2018年度中国对外直接投资统计公报》，2018年流向科学研究和技术服务业的投资为38亿美元，同比增长59%，整体占比2.7%；流向信息传输/软件和信息技术服务业的投资为56.3亿美元，同比增长27.1%，整体占比3.9%；流向金融业的投资为217.2亿美元，同比增长15.6%，整体占比15.2%。

2018年，中国对外直接投资涵盖了国民经济的18个行业大类，租赁和商业服务业、金融业、制造业、批发零售业、信息传输/软件和信息技术服务业是当年对外直接投资流量前5大行业。租赁和商务服务业、金融业、制造业和批发零售业这前4大行业的投资流量继续保持百亿美元规模，分别为507.8亿美元、217.2亿美元、191.1亿美元和122.4亿美元，整体占比分别为35.5%、15.2%、13.4%和8.6%。

2.继续保持跨境双向投资资本净输出。

2015年以来，中国双向直接投资一改之前年份的资本净流入状态，在2018年连续4年保持资本净输出。中国商务部统计数据显示，2018年中国全行业对外直接投资流量为1 430.4亿美元，全行业外商直接投资流量为1 383.1亿美元，中国跨境直接投资资本净流出47.3亿美元，净流出规模较前3年有所缩小。

3.对“一带一路”沿线国家高质量投资增加。

2018年，中国继续以共建“一带一路”为重点，遵循共商共建共享原则，坚持合作共赢、共同发展，在“一带一路”沿线国家（地区）稳步开展广泛多领域投资。截至2018年末，中国境内投资者在63个“一带一路”沿线国家（地区）设立境外企业超过1万家，直接投资178.9亿美元，覆盖国民经济18个行业大类。尽管投资流量规模较上年收缩11.3%，覆盖的国家增加6个，涉及行业增加1个，对“一带一路”沿线国家（地区）的投资流量整体占比保持12.5%不变。2013年到2018年，中国累计在“一带一路”沿线国家（地区）直接投资986.2亿美元。2018年，中国对“一带一路”沿线国家（地区）的制造业、批发零售业、电力生产供应业、科学研究和技术服务业等4个行业的直接投资流量实现较快增长，流向制造业的投资占比近三成，为58.8亿美元，同比增长42.6%；流向批发和零售业占比超过二成，为37.1亿美元，同比增长37.7%；流向电力生产和供应业占比近一成，为16.8亿美元，同比增长87.5%，增速为各行业之首；流向科学研究和技术服务业6亿美元，同比增长45.1%，占比3.4%。2018年，中国在“一带一路”沿线国家的直接投资主要流向新加坡、印度尼西亚、马来西亚、老挝、越南、阿拉伯联合酋长国、柬埔寨、俄罗斯、泰国和孟加拉国。

4.中东部多省市对外投资增长。

2018年，尽管中国对外直接投资和非金融类对外直接投资规模均呈现收缩，中东部多省份（直辖市）地方企业当年非金融类对外直接投资实现较快增长，与上年的下滑态势形成鲜明对比。东部作为中国经济、科技最发达的地区，集中了一批最具“走出去”实力的境内企业，2018年，除河北外，广东、上海、浙江、山东、北京、江苏、福建、海南和天津等另9个东部省份（直辖市）均位列当年非金融类对外直接投资流量前10大省份（直辖市）。除山东和北京，广东、上海、浙江、江苏、福建、河北、海南和天津等其他东部8省份（直辖市）当年非金融类对外直接投资流量同比均实现增长。中部6省份（陕西、安徽、江西、河南、湖南和湖北）中，河南、安徽和江西当年非金融类对外直接投资流量同比呈现增长，河南增幅达111.6%，安徽和江西同比分别增长27.3%和33.7%。东北三省中，辽宁2018年非金融类对外直接投资17.2亿美元，较上年增加5.5亿美元，同比增长近五成（47%），占东北三省当年投资流量的76.8%，带动东北三省整体对外直接投资规模增长。

要求：结合材料，分析当前中国企业对外投资取得的成就和面临的风险。

资料来源：商务部. 中国对外投资合作发展报告（2018）[EB/OL]. [2018-08-27]. http://images.mofcom.gov.cn/fec/201901/20190128155348158.pdf.

财务管理基础模拟试题一

一、单项选择题（在下列每小题的备选答案中，只有一个符合题意的正确答案。请将你选定的答案字母填入题后的括号内。本类题共10个小题，每小题1分，共10分。多选、错选、不选均不得分）

1.在运行良好的资本市场上，股东财富最大化也可以理解为（　　）。

A.股票价格最大化　　B.每股盈余最大化

C.现金红利最大化　　D.利润最大化

2.理财主体假设明确了财务管理工作的（　　）。

A.内容范围　　B.空间范围

C.时间范围　　D.职能范围

3.对于不附带利息的货币收支，晚收不如早收，早付不如晚付，这体现了（　　）。

A.收支动态原则　　B.成本效益原则

C.时间价值原则　　D.风险价值原则

4.下列项目中不属于财务管理环境特征的是（　　）。

A.不确定性　　B.动态性

C.激励性　　D.差异性

5.金融工具在必要时既能迅速转变为现金，又不蒙受损失，其体现的特征是（　　）。

A.期限性　　B.流动性

C.风险性　　D.收益性

6.速动资产不包括的内容是（　　）。

A.存货与预付账款　　B.现金与银行存款

C.现金与有价证券　　D.银行存款与应收账款

7.息税前利润与利息费用的比率称为（　　）。

A.利息保障倍数　　B.费用利润率

C.财务杠杆系数　　D.财务成本比率

8.普通年金终值系数的倒数称为（　　）。

A.资本回收系数　　B.偿债基金系数

C.复利终值系数　　D.年金现值系数

9.若两个方案的期望值不同或标准差不同，则可用于衡量风险的指标是（　　）。

A.方差　　B.均方差

C.变异系数　　D.协方差

10.财务估价所指的价值是（　　）。

A.账面价值　　B.清算价值

C.市场价值　　D.内在价值

二、多项选择题（在下列每小题的备选答案中，有两个或两个以上符合题意的正确答案。请将你选定的答案字母按顺序填入题后的括号内。本类题共5个小题，每小题2分，共10分。多选、少选、错选、不选均不得分）

1.下列因素中与计算股利增长率有关的有（　　）。

A.股利支付率　　B.净资产收益率

C.资产负债率　　D.资产周转率

E.资本增长率

2.下列各项中与投资项目现金流量有关的有（　　）。

A.折旧抵税额　　B.利息费用

C.机会成本　　D.沉没成本

E.前期论证费用

3.成本分析模式确定现金持有量应考虑的因素有（　　）。

A.管理成本　　B.机会成本

C.转换成本　　D.短缺成本

E.取得成本

4.从股东的角度看，影响股利政策制定的因素有（　　）。

A.稳定的收入　　B.合理避税

C.投资机会　　D.资本成本

E.控制权

5.合格的财务经理应具备的能力有（　　）。

A.战略与沟通能力　　B.组织协调能力

C.分析管控能力　　D.权变适应能力

E.财务创新能力

三、判断题（本类题共10小题，每小题1分，共10分。请将你的判断结果填入题后的括号内。你认为正确的，填“√”；你认为错误的，填“×”。每小题判断结果符合标准答案的得1分，判断结果不符合标准答案的扣0.5分，不判断不得分也不扣分。本类题最低得分为零分）

1.发放股票股利既避免了现金流出，又可满足企业长期发展需要。（　）

2.领取股利的权利与股票彼此分开的日期称为除息日。（　）

3.若其他条件一定，信用期限越长，放弃现金折扣的年成本率越低。（　）

4.应收账款规模越大，机会成本越高，收账成本越低。（　）

5.经营杠杆系数与财务杠杆系数之和称为总杠杆系数。（　）

6.内含增长率与销售净利率和股利支付率正相关。（　）

7.如果市场是有效的，债券的内在价值与发行价值是一致的。（　）

8.留存收益应在充分考虑筹资费用后计算资本成本。（　）

9.财务经理的基本职责就是为公司未来创造价值。（　）

10.若市场强势有效，则任何人都可获得额外收益。（　）

四、简答题（本类题共4小题，每小题5分，共20分）

1.理财理性假设体现的主要内容是什么？

2.从实践或应用层面来看，财务管理原则包括哪些内容？

3.反映资产运营能力的指标有哪些？

4.资本成本有何作用？

五、计算分析题（本类题共4小题，每小题10分，共40分。凡要求计算的项目，需要列出计算过程；计算结果有计量单位的，应予标明，标明的计量单位应与题中所给的计量单位相同；计算结果出现小数的，除特殊要求外，均保留小数点后两位小数。凡要求解释、分析、说明理由的内容，必须有相应的文字阐述）

1.某公司2021年年初、年末资产总额均为100万元，权益乘数为2。该公司资产中流动资产为40万元，其中：现金5万元，应收账款10万元，存货25万元。该公司长期负债为30万元。2021年实现销售收入400万元，销售成本为250万元。

要求：计算下列指标。

（1）流动比率。

（2）速动比率。

（3）现金比率。

（4）资产周转率。

（5）销售毛利率。

2.资本市场中现有A、B两只股票，其贝塔系数分别为1.5和1.2。当前国库券的收益率为4%，市场所有股票的平均必要收益率为10%。两只股票当前的市场价格分别为每股15元和40元。A股票实施股利零增长政策，最近一期支付的股利为每股2.25元，B股票实施股利固定增长政策，最近一期支付的股利为每股2.5元，股利固定增长率为5%。

要求：（1）按资本资产定价模型计算A、B股票的预期报酬率。

（2）按股利政策模型计算A、B股票的价值。

3.某公司拟筹资1 000万元投资于某项目，有关资料如下：

（1）银行借款500万元，筹资费率2%，年利息率5%；

（2）发行债券300万元，筹资费率3%，票面利率8%；

（3）发行普通股200万元，筹资费率5%，最近一期支付的股利每股0.5元，股利增长率4%，股票当前市价为每股20元；

（4）投资项目预期收益率为10%，所得税税率为25%。

要求：（1）分别计算三种筹资方式的个别资本成本；

（2）计算综合资本成本；

（3）判断投资项目的可行性。

4.某公司生产销售A产品，2021年销售量为10万件，单价为20元，单位变动成本为11元，固定成本总额为30万元，利息支出为20万元，优先股股息为10万元。所得税税率为25%。

要求：计算下列指标。

（1）盈亏临界点销售量；

（2）息税前利润；

（3）经营杠杆系数；

（4）财务杠杆系数；

（5）总杠杆系数。

六、论述题（本类题共1题，10分）

试述营运能力、盈利能力、偿债能力三者间的关系。

财务管理基础模拟试题二

一、单项选择题（在下列每小题的备选答案中，只有一个符合题意的正确答案。请将你选定的答案字母填入题后的括号内。本类题共10个小题，每小题1分，共10分。多选、错选、不选均不得分）

1.现代企业组织的典型形式是（　　）。

A.公司制企业　　B.合伙制企业

C.混合制企业　　D.个人独资企业

2.从基本层面来看，财务管理原则包括（　　）。

A.时间价值原则　　B.系统性原则

C.投资分散原则　　D.权责利结合原则

3.财务经理最应具备的能力是（　　）。

A.创新能力　　B.适应能力

C.战略与沟通能力　　D.专业胜任能力

4.下列项目中属于财务管理内部环境的是（　　）。

A.经济管理体制　　B.经济发展水平

C.公司治理　　D.经济周期

5.公司债券利率与国库券利率之差称为（　　）。

A.变现力溢酬　　B.违约风险溢酬

C.到期风险溢酬　　D.通胀风险溢酬

6.下列项目中反映偿债能力的指标是（　　）。

A.资产负债率　　B.资产周转率

C.资产报酬率　　D.资产净利率

7.普通年金现值系数的倒数被称为（　　）。

A.资本回收系数　　B.偿债基金系数

C.复利终值系数　　D.复利现值系数

8.下列项目中属于系统风险的是（　　）。

A.诉讼失败
B.利率波动
C.试制新产品失败
D.工人罢工

9.若其他因素一定，销售净利率越高，可持续增长率（　　）。

A.越小
B.不变
C.越大
D.都有可能

10.为使投资项目可行，净现值应满足的条件是（　　）。

A.大于1
B.小于1
C.小于0
D.大于0

二、多项选择题（在下列每小题的备选答案中，有两个或两个以上符合题意的正确答案。请将你选定的答案字母按顺序填入题后的括号内。本类题共5个小题，每小题2分，共10分。多选、少选、错选、不选均不得分）

1.发放股票股利后，下列项目中不变的有（　　）。

A.股东权益
B.市价总值
C.每股收益
D.每股市价
E.资本公积

2.与应收账款有关的信用成本包括（　　）。

A.管理成本
B.坏账成本
C.机会成本
D.短缺成本
E.转换成本

3.反映短期偿债能力的指标有（　　）。

A.流动比率
B.速动比率
C.资产负债率
D.现金比率
E.权益乘数

4.下列项目中属于投资项目现金流入量的内容有（　　）。

A.营业收入
B.回收固定资产余值
C.付现成本
D.所得税支出
E.折旧抵税额

5.企业财务活动的内容包括（　　）。

A.资金筹集
B.资金运用
C.资金耗费
D.资金回收
E.资金分配

三、判断题（本类题共10小题，每小题1分，共10分。请将你的判断结果填入题后的括号内。你认为正确的，填“√”；你认为错误的，填“×”。每小题判断结果符合标准答案的得1分，判断结果不符合标准答案的扣0.5分，不判断不得分也不扣分。本类题最低得分为零分）

1.现金长期循环与短期循环的共同起点都是现金。（　　）
2.解聘是对经营者的行政约束，接收是对经营者的市场约束。（　　）
3.财务管理原则不一定在任何情况下都绝对正确。（　　）
4.反映经济活动中投入与产出之间关系的比率称为构成比率。（　　）
5.权益乘数越大，财务杠杆系数越小，财务风险越小。（　　）
6.复利终值与复利现值互为倒数关系。（　　）
7.贝塔系数反映的是与市场有关的系统风险。（　　）
8.负债利率与负债资本成本率具有同等决策效果。（　　）
9.到期一次还本付息的债券，实际上是一种纯贴现债券。（　　）
10.发放股票股利与发放现金股利都会引起现金流出。（　　）

四、简答题（本类题共4小题，每小题5分，共20分）

1.风险具有哪些基本特征？
2.财务经理的职责是什么？
3.反映企业盈利能力的指标有哪些？
4.简要说明财务估价的基本要点。

五、计算分析题（本类题共4小题，每小题10分，共40分。凡要求计算的项目，需要列出计算过程；计算结果有计量单位的，应予标明，标明的计量单位应与题中所给的计量单位相同；计算结果出现小数的，除特殊要求外，均保留小数点后两位小数。凡要求解释、分析、说明理由的内容，必须有相应的文字阐述）

1.某公司2021年资产总额1 000万元，资产负债率50%，负债均为流动负债，负债利率10%。息税前利润300万元，所得税税率25%。普通股股数50万股，每股市价37.5元，发放现金股利25万元。

要求：计算下列指标。

（1）利息保障倍数；
（2）每股收益；
（3）每股股利；
（4）市盈率；
（5）股票预期收益率。

2.某公司拟投资10万元兴建某项目，项目有效使用期5年，期满无残值，该公司按直线法折旧，预计未来5年每年营业收入均为15万元，各年营业成本均为10万元。所得税税率为25%，公司要求的最低报酬率为8%。

（P/F，8%，5）=0.681，（P/A，8%，5）=3.993

要求：计算下列指标。

（1）年折旧额；

（2）年经营现金净流量；

（3）投资回收期；

（4）会计收益率；

（5）净现值。

3.某投资者准备从证券市场购买A股票，已知A股票的贝塔系数为0.8，现行国库券收益率为5%，市场平均风险股票的必要收益率为12%。

要求：（1）利用资本资产定价模型计算A股票预期收益率；

（2）假设该投资者准备长期持有A股票，A股票最近一期支付的股利为每股2元，股利固定增长率为6%，当前每股市价40元，投资A股票是否可行？

4.某公司预计全年现金需求量为200万元，应收账款周转期95天，存货周转期125天，应付账款周转期100天。有价证券年利率1%，现金与有价证券的转换交易成本为每次25元。全年按360天计算。

要求：（1）按现金周转模式计算现金持有量；

（2）按存货模式计算现金持有量。

六、论述题（本类题共1题，10分）

阐述营运资本政策的主要内容。

参考答案

附　录

第1章　财务管理概述

一、单项选择题

1.A　2.B　3.C　4.A　5.B　6.C　7.B　8.C　9.A　10.B　11.D　12.A

二、多项选择题

1.ABCD　2.ABCE　3.ABC　4.AC　5.AB　6.ABC　7.DE　8.ABC　9.CDE　10.AB

三、判断题

1.×　2.√　3.√　4.√　5.×　6.√　7.×　8.×　9.√　10.×

四、简答题

1.答：财务经理应掌握的理财工具有货币时间价值、风险价值、现金流量、资本成本、财务估价、财务分析等。

2.答：财务人员的理性行为体现在有明确的目的、选择最佳方案、发现错误及时纠正、吸取经验教训、学习应用新理论新知识。

3.答：企业价值最大化作为财务目标的理由有：考虑了时间价值和风险价值、考虑了资本的优化配置和合理使用、体现了投资者对资本保值增值的要求、克服了短期行为。

4.答：现金流转有现金的短期周转和长期周转两种形式。其特点是：起点与终点相同，都是现金；最终形成的现金可根据需要重新分配使用。

5.答：财务活动包括筹资活动、投资活动、营运资本活动、收益分配活动。

五、论述题

1.答：构建和谐财务，要处理好企业与国家政府管理部门之间、与投资者和受资者之间、与债权人和债务人之间、与企业内部有关部门之间、与职工个人之间的财务关系。

2.答：为满足企业生存目标，要求财务管理做到以收抵支、到期偿债和增强支付能力；为满足企业发展目标，要求财务管理不断地筹措资金；为满足获利目标，要求财务管理优化资源配置，合理使用资金。

六、案例分析题

案例分析提示：正如比尔·福特所说："一个伟大的企业不仅能为顾客提供优质的产品和服务，还竭尽全力使这个世界变得更美好。"企业财务管理目标的实现应有助于社会责任的履行。反过来，社会责任的履行也应有助于企业财务目标的实现。由此可见，企业利润的底线和社会责任的底线在一定程度上是统一的。企业履行社会责任是符合职业道德和企业伦理的。

第2章　财务管理环境与组织

一、单项选择题

1.B　2.C　3.B　4.A　5.B　6.A　7.B　8.C　9.D　10.D　11.D　12.A　13.A　14.C　15.B

二、多项选择题

1.ABCDE　2.ABCE　3.BD　4.ABCE　5.ABCD　6.ABCDE　7.BD　8.ABCDE　9.ACDE　10.ABCDE　11.ABCE　12.ABD　13.ABCDE　14.ABCD　15.BCDE

三、判断题

1.×　2.√　3.×　4.×　5.√　6.×　7.×　8.√　9.√　10.×

四、简答题

1.财务管理环境，又称理财环境，是对企业财务活动和财务管理产生影响作用的企业内外的各种条件或因素的统称。如果把财务管理作为一个系统，那么，财务管理以外的、对财务管理系统有影响作用的一切系统的总和，便构成财务管理的环境。

财务管理环境分类如下：

第一，宏观环境和微观环境。

宏观环境是指为企业财务活动创造市场机会和环境威胁的社会力量，包括国家政治经济形势、经济发展水平、金融市场状况等。

微观环境是指直接制约和影响企业财务管理活动的力量与因素，包括企业组织形式、生产状况、企业的产品销售状况、企业的资源供应情况等。

第二，静态环境和动态环境。

静态环境是指那些处于相对稳定状态的影响财务管理的各种因素，包括地理环境、法律制度、企业类型、生产方向、国家产业政策、税收政策等。

动态环境是指那些处于不断变化状态的影响财务管理的各种因素，包括产品销路、材料来源、市场物价、资金市场的资本供求状况等。

第三，外部环境和内部环境。

外部环境是指企业外部的影响财务管理的各种因素，如国家政治形势、经济形势、法律制度、企业所面临的市场状况以及国际财务管理环境等。

内部环境是指企业内部的影响财务管理的各种因素，如企业的生产情况、技术情况、经营规模、资产结构、生产经营周期等。

2.财务管理环境的特征如下：

（1）复杂性和不确定性

财务管理活动总是在一定的时间和空间内进行。它赖以存在和发展的各种因素的集合共同构成了一个多层次的综合系统。正是在这种综合系统的作用下，财务管理活动才呈现复杂性与不确定性的特征。

（2）动态性

财务管理环境具有稳定与变动的双重特性。在某一静止的时点，财务管理环境是相对稳定的，但随着时间的推移，财务管理环境本身是瞬息万变的。

（3）差异性

财务管理环境的差异性特点主要表现在两个方面：一方面，财务管理环境具有因国家不同、地域不同、行业不同、制度不同而产生的差异性。这种差异性主要体现在政治因素、市场因素、法律因素、文化因素等方面的不同。另一方面，即使面对相同的财务管理环境，这些环境对不同财务管理主体的影响也千差万别。这种差异性主要是由财务管理环境本身所具有的复杂性、不确定性、动态性，使不同的财务管理主体产生对环境因素的不同认知而形成的。

3.从企业所处的市场环境竞争态势来看，市场类型可划分为完全竞争市场、不完全竞争市场、寡头垄断市场和完全垄断市场。完全竞争市场，竞争非常激烈，销售量不稳定，销售价格完全由市场决定，利润随价格和销量的波动而波动，经营风险较大。不完全竞争和寡头垄断市场，用高质量和独特的营销手段增强市场控制力，购销可相对稳定，价格在一定时期内也相对稳定，能够获得一定的垄断利润。完全垄断市场，价格由垄断企业决定，几乎不用担心销售，价格波动不大且高于行业平均水平，利润稳中有升，可以获得垄断利润。

4.财务管理的经济环境是指影响企业财务管理的各种经济因素，一般包括经济管理体制、经济发展水平、经济发展周期、经济政策、通货膨胀、市场的完善有效性。

（1）经济管理体制

经济管理体制是指一国或地区所执行的关于经济运行与管理方面的方针政策，是在一定的社会制度下经济关系的具体形式以及组织、管理和调节国民经济的体系、制度、方式、方法的总称，是国家对有限资源进行配置而制定的，包括计划经济管理体制和市场经济管理体制两种类型。

（2）经济发展水平

不同国家的经济发展水平是不同的，市场的成熟度也存在差距，这些都会影响企业的财务管理活动。通常将处于不同经济发展阶段的国家分为发达国家、发展中国家和不发达国家3个群体。

（3）经济发展周期

经济发展周期是指在整个国民经济活动中所出现的由扩张到收缩的循环往复。

这种循环往复呈现周期性波动的特征，主要包括经济复苏阶段、经济繁荣阶段、经济衰退阶段和经济萧条阶段。

（4）经济政策

经济政策是指国家进行宏观经济调控的重要手段。国家根据不同时期社会经济发展的战略要求制定不同的经济政策，包括产业发展和升级政策、经济结构调整政策、区域经济发展政策、金融政策和财税政策等。

（5）通货膨胀

通货膨胀是指在纸币流通条件下，因货币供给大于货币实际需求，即现实购买力大于产出供给，导致货币贬值，从而引起的一段时间内物价持续而普遍上涨的现象。

（6）市场的完善有效性

企业依赖市场而存在和发展，不同的市场环境对财务管理具有不同的影响，对企业的财务决策有重大的影响。从企业所处的市场环境竞争态势来看，市场类型可划分为完全竞争市场、不完全竞争市场、寡头垄断市场和完全垄断市场。

5.一般工商企业中的财务组织机构设置如附图2-1所示。

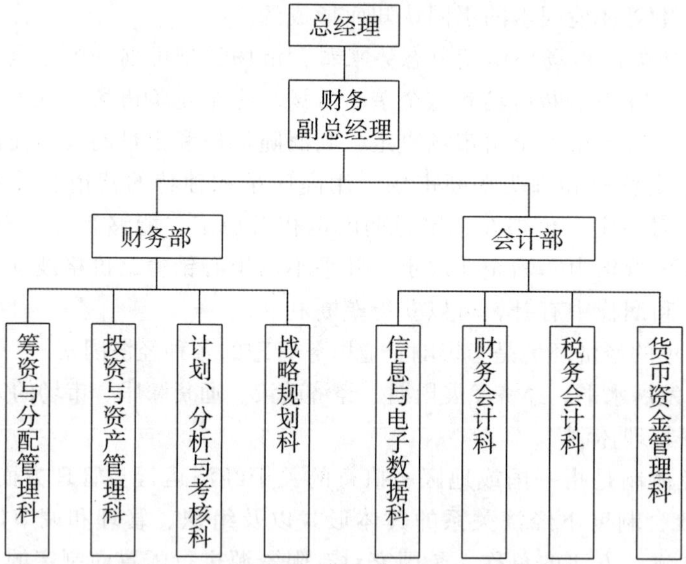

附图2-1　一般工商企业中的财务组织机构设置

五、论述题

1.（1）财务管理环境是指对企业财务活动和财务管理产生影响的企业外部条件的总和。

（2）经济环境对财务管理活动的影响，主要涉及经济管理体制、经济发展周期、经济发展水平、通货膨胀状况、经济政策、市场的完善有效性六个方面。以经济发展周期为例，在经济复苏阶段，社会购买力逐渐提高，企业应采取增加存货和放宽信用条件的应收账款管理政策；在经济繁荣阶段，企业应采取扩张策略；在衰退阶段，企业应收缩规模，投资无风险资产，以获得稳定报酬。

（3）法律环境对财务管理活动的影响，主要涉及企业组织法规、财务会计法规、税法三个方面；企业组织必须按照《中华人民共和国公司法》《中华人民共和国个人独资企业法》等法规设立，依照《企业财务通则》《企业会计准则》《企业会计制度》等进行各类财务活动和实施财务管理。

（4）金融市场对公司财务活动的影响体现在为公司筹资和投资、实现长短期资金相互转化、为企业理财提供相关信息。除此之外，利率在资金的分配以及个人、企业做出财务决策的过程中起到重要作用。在发达的市场经济条件下，资金从高报酬项目到低报酬项目的依次分配，是由市场机制通过利率的差异来决定的。

（5）文化环境的各个方面对财务管理的影响程度各不相同，社会整体教育水平、社会整体资信程度、不同文化背景等各方面都会给财务管理带来意想不到的影响。

2.大中型企业一般都设有独立的财务管理机构，并在公司总裁之下设一名专管财务的副总裁，即财务总监（总会计师）负责企业全面的财务工作，主持制定财务政策和公司规划，对公司总体战略管理有重要影响，有的企业甚至由公司总经理亲自管理财务工作。在财务副总裁之下，一般设有两位重要的管理人员：财务长和会计长。财务长负责的财务部门一般下设财务分析与预算组、融资组、投资组、现金管理组和信用与保险管理组，并设专人负责。会计长负责的会计部门一般下设税务会计组、财务会计组、成本核算与管理组、会计信息系统组、管理会计组和内部审计组，并设专人负责。

财务长的职责：①筹集资金：预测资金需要量，确定融资渠道并选择最佳的融资方式。②投资管理：做好投资决策工作。③财务分析与预算：分析财务报表，向企业管理当局提供决策支持信息，编制财务预算，进行财务控制。④股利分配：协助董事会做好股利分配工作。⑤银行和保管：承担银行职能，对企业货币的收支、有价证券买卖和其他财务活动进行管理。⑥信用和收款：制定信用政策，催收应收账款。⑦现金管理：确定现金的最佳金额，进行现金的效益性和真实性管理。⑧保险：鉴别和估计企业应保险财产可能发生的损失，选择保险的适当构成，制定利于企业的保险条款，负责养老金的管理。

会计长的职责：①法定财务报告。②企业内部管理报告。③成本核算与管理。④税务会计：制定必要的税务政策和税务程序，负责申报纳税，进行税收筹划和合理避税。⑤内部审计：利用内部审计相对独立的地位，进行财务审计、经济效益审计和各种专项审计。⑥企业信息系统：有效管理企业的会计信息系统，满足会计信息的安全性、准确性和及时性要求。

财务管理委员会的职责：大型公司一般会采取财务管理委员会的形式，委员是来自各个职能部门以及重要生产经营部门的主要负责人。委员会协同董事会对资本投资和经营预算等重大财务事项进行财务决策。

第3章　金融市场与金融工具

一、单项选择题

1.C　2.C　3.A　4.A　5.D　6.D　7.C　8.C　9.D　10.D　11.D　12.B　13.D　14.D　15.B　16.A　17.D　18.D　19.C　20.C

二、多项选择题

1.ABCDE　2.AD　3.ABCDE　4.AC　5.ABCE　6.BD　7.BDE　8.ABCD　9.ABD　10.ABC

三、判断题

1.×　2.×　3.√　4.√　5.×　6.√　7.×　8.√　9.×　10.√

四、简答题

1.初级市场也称发行市场或一级市场，是资金需求者将证券首次出售给投资者时所形成的市场。由于资金需求者难以与众多分散的投资者进行直接交易，因此，在这一市场上，证券发行往往采取承销、包销的方式。二级市场是投资者买卖已经发行的各种证券时所形成的市场，故又被称为流通市场或次级市场。

初级市场和二级市场具有紧密的相互依存关系。初级市场是二级市场存在的前提——没有证券的发行，自然谈不上证券的买卖；有了发行市场，还必须有二级市场，否则新发行的证券会由于缺乏流动性而难以销售，从而导致初级市场萎缩甚至无法存在。

2.金融工具具有以下特征：

（1）期限性。期限性是指金融工具的发行者或债务人按期归还全部本金和利息的特性，金融工具一般都注明期限，债务人到期必须偿还信用凭证上所记载的应偿付的债务。

（2）流动性。流动性是指金融工具在必要时迅速转变为现金，其价值不会蒙受损失的能力。金融工具变现越方便、成本越低，其流动性就越强；反之，流动性就越弱。

（3）风险性。风险性是指购买者投资于金融资产的本金和预期收益遭受损失的可能性。

（4）收益性。收益性是指金融工具能定期或不定期给持有人带来收益的特性。

3.货币市场，是指期限在1年或1年以内的短期金融工具交易的市场，它主要解决金融市场主体的短期性、临时性的资金需求。短期资金市场主要包括同业拆借市场、短期债券市场、票据贴现市场、大额可转让定期存单市场以及回购协议市场等。在短期金融市场上进行交易的金融工具主要是货币头寸、存单、商业票据、银行票据和国库券等。

资本市场，是指进行期限在1年以上的资金融通的市场，它的主要作用是满足中长期的投资需求以及政府弥补长期财政赤字的资金需要。长期金融市场主要包括债券市场和股票市场。在长期金融市场上进行交易的金融工具主要包括股票、债券、中长期国债和不动产抵押贷款等。

4.风险报酬率主要包括：

（1）违约风险溢酬（Default Premium，DP）。违约风险是指由于借款人无法按时支付利息或偿还本金而给投资人带来的风险。为了弥补违约风险带来的损失，投资人要求提高贷款利率。否则借款人无法借到资金，投资人也不会进行投资。违约风险的大小与借款人信用等级的高低成反比。借款人的信用等级越高，违约风险越小，投资者要求的风险补偿就越小，反之亦然。

（2）变现力溢酬（Liquidity Premium，LP）。变现力是指某项资产迅速转化为现金的可能性。衡量变现力的标准有两个：资产出售时可实现的价格和变现时所需要的时间长短。其判断基础是，在价格没有明显损失的条件下，在短期内可以大量出售的能力。如果一项资产能够迅速转化为现金，说明其变现力强，流动性好，流动性风险小；反之则说明流动性风险大。

（3）到期风险溢酬（Maturity Risk Premium，MP）。一项负债，期限越长，债权人承受的不确定因素就越多，承担的风险也就越大。为弥补这种风险而增加的利率水平，就是到期风险溢酬。

五、论述题

（1）满足资金的筹措与投放

社会资金的供给者与需求者往往在资金供求的时间、数量和供求方式方面存在不一致，因此在社会总储蓄向总投资转化的过程中，必须借助一定的中介才能顺利进行。金融市场就充当了这种转化的中介。由于金融市场上有多种筹资、投资形式可供双方进行选择，各种金融工具的自由买卖和灵活多样的金融交易活动，也增强了金融工具的流动性和安全性，提高了融资效率：使资金供应者能够灵活地调整其闲置资金的投资形式，达到既能获得盈利，又能保证安全性和流动性的目的；使资金需求者能从众多的筹资方式中选择适当的方式，及时、灵活、有效地筹集到所需资金。所以，金融市场对资金供求双方都具有极大的吸引力，是投资和筹资的理想场所。

（2）合理地分配和引导资金

在金融市场上，随着金融工具的流动，相应地发生了价值和财富的再分配。金融市场通过利率的差异和上下波动，通过对有价证券价格的影响，能够引导资金流向最需要的地方，流向那些经营管理好、产品畅销、有发展前途的经济单位，从而带动了社会物质资源的流动和再分配，将社会资源由低效部门向高效部门转移，完成社会资源的优化配置。

（3）实现分散风险的功能

金融市场上多样化的金融工具为资金盈余者提供了多种投资选择，避免了金融投资的集中与单一，实现了投资风险的分散。同样，资金的需求者为筹集资金向众多的投资者发行金融工具，这就使得众多的投资者与该金融工具发行者共同承担了运用这笔资金的经营风险。

（4）有效地实施宏观调控

金融交易活动为政府实施对宏观经济活动的间接调控创造了条件。中央银行货币政策的实施都是以金融市场的存在为前提的。中央银行通过金融市场可以进行公开市场业务操作，吞吐有价证券以调节货币供应量；实施再贴现政策，调整再贴现率影响信用规模。两者的实施都可以通过影响利率水平来调节资金供求，而金融市场利率的变化又是宏观金融调控的重要参考依据。中央银行在实施货币政策时，通过金融市场可以调节货币供应量、传递政策信息，最终影响各经济主体的经济活动，从而达到调节整个宏观经济运行的目的。

六、案例分析题

参考提示：

（1）债券作为金融工具具有以下四个特征：①期限性；②流动性；③风险性；④收益性。

（2）企业债券发生违约的原因主要有：①行业下行、产能过剩、资源枯竭；②现金流紧张、资金无法到位；③盲目扩张、投资决策失误；④外部经济环境恶化、新冠疫情影响；⑤公司治理、股权结构存在问题等。

第4章　财务报告分析

一、单项选择题

1.B　2.B　3.C　4.C　5.D　6.B　7.A　8.D　9.B　10.B　11.B　12.A　13.B　14.A　15.D　16.B　17.D　18.A　19.C　20.C

二、多项选择题

1.ABCDE　2.ABDE　3.BCD　4.BCDE　5.ABCDE　6.ABCDE　7.AC　8.BCDE　9.ADE　10.ABCDE

三、判断题

1.√　2.×　3.√　4.√　5.×　6.×　7.√　8.×　9.×　10.×

四、简答题

1.财务比率分析的作用：比率分析法是财务报告分析中最常用的一种分析方法，它能够反映不同财务报表项目之间的关系。通过将财务数据转化为比率，可以对同一时期不同企业或同一企业不同时期的财务状况、经营成果等进行比较分析。不同的财务报告使用者可以根据自身的需求设计和计算财务比率。

财务比率分析的局限：比率的变动可能仅仅被解释为两个相关因素之间的变

动，很难综合反映比率与计算它的会计报表的联系；比率给人们不保险的最终印象；比率不能给人们会计报表关系的综合观点。

2.存货是流动资产中变现能力最差的惰性资产，它通常要经过存货销售和账款回收两个阶段才可能变为现金；在存货中可能包括试销不对路而难以变现的部分，这部分存货在会计账面上可能存在且变现能力很低；因会计计价的原因，存货的账面价值并不代表其可变现净值；可能存在部分存货已经损坏但尚未处理的情况；部分存货已抵押给债权人等。

五、计算分析题

1.（1）流动负债年末余额=270÷3=90（万元）

（2）存货年末余额=270−90×1.5=135（万元）

存货平均余额=（135+145）÷2=140（万元）

（3）本年营业成本=140×4=560（万元）

（4）应收账款年末余额=270−135=135（万元）

或：

应收账款年末余额=90×1.5=135（万元）

应收账款周转期=360×［（125+135）÷2］÷960=48.75（天）

2.流动比率=280÷100=2.8

速动比率=125÷100=1.25

资产负债率=500÷660×100%≈75.76%

产权比率=500÷160=3.125

成本费用利润率=100÷900×100%≈11.11%

总资产净利率=85÷660×100%≈12.88%

3.（1）总资产周转天数变动=360÷0.5−360÷0.8=720−450=270（天）

总资产周转天数=固定资产周转天数+流动资产周转天数

固定资产周转天数变动影响=360÷（30 000÷30 000）−360÷（10 000÷5 000）=180（天）

流动资产周转天数变动影响=360÷（30 000÷30 000）−360÷（10 000÷7 500）=90（天）

（2）总资产净利率变动=（1 200÷60 000−1 000÷12 500）×100%=−6%

总资产净利率=总资产周转率×销售净利率

总资产周转率变动对总资产净利率的影响=（30 000÷60 000−10 000÷12 500）×1 000÷10 000×100%=−3%

销售净利率变动对总资产净利率的影响=0.5×（1 200÷30 000−1 000÷10 000）×100%=−3%

4.D公司2021年度资产负债表变动分析情况见附表4-1：

附表4-1　　资产负债表变动情况分析　　金额单位：万元

资产	期初	期末	变动额	变动率	对资产的影响
流动资产：					
货币资金	40 000	50 000	10 000	25.00%	1.02%
交易性金融资产	28 000	20 000	-8 000	-28.57%	-0.81%
应收账款	15 500	25 000	9 500	61.29%	0.97%
存货	97 000	85 000	-12 000	-12.37%	-1.22%
其他流动资产	37 910	48 510	10 600	27.96%	1.08%
流动资产合计	218 410	228 510	10 100	4.62%	1.03%
非流动资产：					
长期股权投资	42 200	51 000	8 800	20.85%	0.90%
固定资产	631 000	658 500	27 500	4.36%	2.80%
无形资产	91 000	94 000	3 000	3.30%	0.31%
非流动资产合计	764 200	803 500	39 300	5.14%	4.00%
资产总计	982 610	1 032 010	49 400	5.03%	5.03%
负债和股东权益					
流动负债：					
短期借款	37 600	55 000	17 400	46.28%	1.77%
应付账款	13 600	15 500	1 900	13.97%	0.19%
预收款项	7 400	9 530	2 130	28.78%	0.22%
其他流动负债	4 487	3 300	-1 187	-26.45%	-0.12%
流动负债合计	63 087	83 330	20 243	32.09%	2.06%
非流动负债：					
长期借款	38 400	42 000	3 600	9.38%	0.37%
应付债券	181 000	181 000	0	0	
非流动负债合计	219 400	223 000	3 600	1.64%	0.37%
负债合计	282 487	306 330	23 843	8.44%	2.43%
股东权益：					
股本	500 000	500 000	0	0	0
资本公积	107 000	102 640	-4 360	-4.07%	-0.44%
盈余公积	82 423	85 320	2 897	3.51%	0.29%
未分配利润	10 700	37 720	27 020	252.52%	2.75%
股东权益合计	700 123	725 680	25 557	3.65%	2.60%
负债和股东权益总计	982 610	1 032 010	49 400	5.03%	5.03%

分析评价：

该企业本期总资产增加了49 400万元，增长幅度为5.03%，从具体项目来看：

总资产增加主要是固定资产增加引起的，固定资产增加了27 500万元，对资产的影响为2.80%，表明企业的生产能力有所增加。

流动资产增加了10 100万元，对资产的影响为1.03%，说明企业资产的流动性有所增加，特别是货币资金的大幅增加对提高企业的偿债能力、满足资金的流动性需要是有利的。同时，本期存货大幅度减少应该引起注意，应收账款的增加应该结合企业销售收入的变动情况和收账政策进行分析。

长期股权投资增加了8 800万元，对资产的影响为0.90%，应该结合投资收益进行分析。

从权益方面进行分析：

最主要的方面是企业本期生产经营卓有成效，提取盈余公积和保留未分配利润29 917万元，使得权益总额增长了3.04%。

流动负债增加了20 243万元，对权益总额的影响为2.06%，主要是由短期借款增加引起的。

六、论述题

1.不同的财务报告分析主体进行财务分析的目的是不同的，具体包括以下方面：

（1）投资者进行财务报告分析的目的

这里的投资者既包括企业现有的出资者，又包括资本市场上潜在的投资者。他们是企业经营获利的最大受益者，也是企业经营风险的最大承担者，对企业的经营和收益状况极为关注。投资者期望自己投入的资金能实现保值增值，因此他们不仅关心企业当前的盈利能力，而且还要研究企业的权益结构、支付能力及营运状况等。只有投资者认为企业具有良好的发展前景，现有投资者才会保持或增加投资，潜在投资者才会踊跃地把大量资金投入该企业。此外，财务报告分析也有助于投资者评价企业经营者的经营业绩，发现在经营过程中存在的问题，从而通过行使股东权利，及时纠正偏差，使企业保持良性发展状态。

（2）债权人进行财务报告分析的目的

债权人是指那些给企业提供融资的机构和个人，包括给企业提供贷款的机构或个人和以出售货物或劳务的形式给企业提供短期融资的机构或个人。债权人最为关注的是企业是否能按期还本付息，因此应着重分析企业偿债能力的大小，同时关注企业的收益状况与风险程度是否相适应，即将偿债能力与盈利能力结合分析，从而做出是否借款以及对该企业借款额度、付款条件、利率水平、保障条款等决策。

（3）经营者进行财务报告分析的目的

财务报告分析对经营管理人员来说是一种十分有用的工具，通过财务报告分析，管理者不仅可以发现在生产经营中存在的问题与不足，采取有效措施解决这些问题，还可以对企业的财务状况、经营成果、现金流量及发展趋势做出准确判断，从而实现企业价值最大化。

（4）企业的供应商和客户进行财务报告分析的目的

通过财务报告分析，供应商可以了解企业的信用状况，以便为其制定信用政策提供依据；客户通过对财务报告分析，可以了解企业的财务状况，据以判断企业的经营管理能力及产品服务质量，以便为选择进货途径做出正确决策。

（5）政府相关部门进行财务报告分析的目的

通过财务报告分析，政府部门可以了解企业的纳税情况、遵守政府法规和市场秩序的情况以及职工收入和就业状况；对所在地区企业的经营运作及发展状况进行全面了解和掌握，便于在宏观上制定政策，进行投资。

2.（1）偿债能力分析

偿债能力是指企业偿还到期债务的能力。企业的债权人最关心的就是企业的偿债能力，因为债权人出借资金的基本目的是取得利息收入。如果债务人到期不能还本付息，那么债权人不仅不能从这种资金借贷业务中获得预期的收益，反而会遭受一定的损失。偿债能力对企业的投资者和经营者同样具有十分重要的意义。对于投资者来说，企业只有保持较强的偿债能力，才可能有良好的理财环境，才有可能筹集到更多的资金用于投资，从而为投资者带来更多的利润。对于经营者来说，使企业保持一定的偿债能力，一方面，可降低企业的财务风险，避免因无力还债而陷入财务困境；另一方面，也树立了企业的良好形象和信誉，增强了债权人、投资者以及政府机构等有关方面对企业的信心，使企业能够筹集到更多的资金，保持企业良好的外部环境和良好的外部形象。

债务一般按照到期时间分为短期债务和长期债务，因此偿债能力分析也分为短期偿债能力分析和长期偿债能力分析。

（2）营运能力分析

营运能力是指反映企业在经营管理过程中运营资金的能力，主要通过公司资产管理比率来衡量。反映企业资产管理比率的有应收账款周转率、存货周转率、流动资产周转率和总资产周转率等。

（3）盈利能力分析

盈利能力是指企业获取利润的能力。盈利能力指标主要包括销售净利率、总资产净利率、净资产收益率。在实务中，除上述指标以外，上市公司还会采用一些特殊的评价指标，如每股收益、每股股利、市盈率等指标评价其盈利能力。

（4）发展能力分析

企业的发展能力即企业的成长性，是指企业通过自身的生产经营活动，不断扩大积累而形成的发展潜能。发展能力分析的主要指标有销售增长率、资本积累率和总资产增长率等。

七、案例分析题

案例分析提示：

（1）选取的短期偿债能力指标有流动比率、速动比率和现金比率；长期偿债能力指标有资产负债率、产权比率和利息保障倍数，计算结果见附表4-2：

附表4-2　　E公司偿债能力分析

指标名称	上年	本年
流动比率	2.97	2.75
速动比率	1.57	1.33
现金比率	0.84	0.61
资产负债率	27.54%	33.29%
产权比率	38%	49.91%
利息保障倍数	3.92	3.19

①流动比率=流动资产÷流动负债

上年流动比率=5 520÷1 860=2.97

本年流动比率=6 368÷2 312=2.75

②速动比率=速动资产÷流动负债

上年速动比率=（1 340+220+1 360）÷1 860=1.57

本年速动比率=（1 224+180+1 680）÷2 312=1.33

③现金比率=（货币资金+交易性金融资产）÷流动负债

上年现金比率=（1 340+220）÷1 860=0.84

本年现金比率=（1 224+180）÷2 312=0.61

④资产负债率=负债总额÷资产总额×100%

上年资产负债率=2 660÷9 660×100%=27.54%

本年资产负债率=4 212÷12 652×100%=33.29%

⑤产权比率=负债总额÷所有者权益×100%

上年产权比率=2 660÷7 000×100%=38%

本年产权比率=4 212÷8 440×100%=49.91%

⑥利息保障倍数=（利润总额+利息支出）÷利息支出

上年利息保障倍数=（1 400+480）÷480=3.92

本年利息保障倍数=（1 700+778）÷778=3.19

（2）盈利能力指标选取了销售净利率、资产净利率和净资产收益率，计算结果见附表4-3：

附表4-3　　E公司盈利能力分析

指标名称	上年	本年
销售净利率	5.50%	5.36%
资产净利率	10.87%	10.08%
净资产收益率	15%	15.11%

①销售净利率=净利润÷销售收入净额×100%

上年销售净利率=1 050÷19 090×100%=5.50%

本年销售净利率=1 275÷23 800×100%=5.36%

②资产净利率=净利润÷平均资产总额×100%

上年资产净利率=1 050÷9 660×100%=10.87%

本年资产净利率=1 275÷12 652×100%=10.08%

③净资产收益率=净利润÷平均所有者权益×100%

上年净资产收益率=1 050÷7 000×100%=15%

本年净资产收益率=1 275÷8 440×100%=15.11%

从偿债能力指标数值中可以看出，流动比率与速动比率虽比上年有所下降，但仍维持在2.75和1.33的水平上，均高于经验比率，说明公司短期偿债能力仍然较强。资产负债比率较上年提高，说明公司增加了负债，提高了财务杠杆。

公司的销售净利率和资产净利率略微下降，但净资产收益率上升了0.11%，这也是公司提高财务杠杆比率的原因。如果要进一步评价，还需要了解行业平均的偿债水平和盈利水平。

第5章　财务管理的基本观念

一、单项选择题

1.D　2.B　3.B　4.A　5.B　6.B　7.C　8.B　9.C　10.B　11.C　12.A　13.A　14.D　15.D　16.C　17.B　18.C　19.A　20.B　21.C　22.C　23.B

二、多项选择题

1.ADE　2.AC　3.ABCDE　4.ABCE　5.ABC　6.ABDE　7.AE　8.ABD　9.BC　10.ACD　11.AB　12.BCE　13.ADE　14.ABD　15.AB　16.ABCD　17.ABC　18.ABC　19.ABC　20.ABCD　21.BD　22.ACD　23.ABC　24.ABD

三、判断题

1.√　2.√　3.√　4.×　5.×　6.×　7.√　8.×　9.×　10.√

四、简答题

1.资本资产定价模型（CAPM）是衡量收益与风险关系的一个基本模型。该模型把资产的必要报酬率分为无风险资产的必要报酬率和该资产的风险报酬率。用公式表示为：

$K_i=R_f+\beta_i(R_m-R_f)$

资本资产定价模型（CAPM）的最大用途是测算不同风险状态下的必要投资报酬率。这一必要投资报酬率是项目投资决策中最低可接受收益率，即项目决策的贴现率。

2.资本成本也称资金成本，它是企业为筹集和使用资本而付出的代价。资本成本是企业筹资决策的重要依据，是评价投资项目是否可行的一个重要尺度，是衡量企业经营业绩的一项重要标准。影响资本成本高低的因素包括：宏观经济环境、证券市场条件、企业内部经营风险和筹资风险、筹资规模。

3.优点：

（1）没有固定的股利负担，当盈利较少时，可以选择少付或者不付股利。

（2）普通股股本没有规定的到期日，无须偿还，是公司的永久性资本。

（3）筹资的风险较小，没有到期日，一般不用支付固定的利息，不存在还本付息的风险。

（4）可以提升公司的信誉，有了较多的股权资本，有利于提高公司的信用价值。

缺点：

（1）发行的资本成本较高。发行费用高并且股利从税后利润中支付，会给企业带来一定的负担。

（2）增加新股东会分散公司的控制权。

（3）发行新股可能会导致股票价格的下跌，引起股票价格的波动。

4.（1）确定追加筹资的目标资本结构。企业追加筹资时是否保持原有的资本结构，主要取决于其是否符合企业筹资的要求。如果企业当前的资本结构已是最佳资本结构，企业在追加筹资时，其目标资本结构应与原有资本结构保持一致。

（2）确定各种筹资方式下个别资本成本的临界点。在某一确定的资本成本下，企业难以筹集到大量的资本，所以企业有必要确认能够使资本成本发生改变的筹资临界点，此临界点是指个别资本成本发生变化前的最高筹资限额。

（3）根据个别资本成本临界点和目标资本结构的要求来确定筹资总额分界点。

5.充分的证券投资组合的目的在于规避个别证券的特有风险，形成证券投资组合的加权平均收益率，并降低这种收益率的不确定性。

五、计算分析题

1.方案（1）的现值P=20×（P/A，10%，10）×（1+10%）=135.18（万元）

方案（2）的现值P=25×（P/A，10%，10）×（P/F，10%，4）=104.92（万元）

该公司应该选择第二个方案。

2.（1）后付等额租金方式下的租金=50 000÷（P/A，16%，5）=15 270（元）

（2）年末支付的终值=15 270×（F/A，10%，5）=93 225（元）

年初支付的终值=12 776×（F/A，10%，5）×（1+10%）=85 799（元）

因此，应选择每年年初支付的方案。

3.（1）计算期望报酬率：

$E_A=0.4\times30\%+0.3\times10\%+0.3\times0=15\%$

$E_B=0.4\times60\%+0.3\times10\%+0.3\times(-40\%)=15\%$

（2）计算方差：

$\sigma_A^2=(30\%-15\%)^2\times0.4+(10\%-15\%)^2\times0.3+(0-15\%)^2\times0.3=0.0165$

$\sigma_B^2=(60\%-15\%)^2\times0.4+(10\%-15\%)^2\times0.3+(-40\%-15\%)^2\times0.3=0.1725$

（3）计算标准差：

$\sigma_A=\sqrt{0.0165}=12.85\%$

$\sigma_B=\sqrt{0.1725}=41.53\%$

（4）计算变异系数：

$V_A=12.85\%\div15\%=0.857$

$V_B=41.53\%\div15\%=2.769$

综上，上述两个项目的期望报酬率都是15%，但它们的报酬率与期望值的离散程度却不同，即风险程度不同，B项目的标准差比A项目的标准差大，可见B项目的风险比A项目的风险大，因此，应选择A项目进行投资。

由于标准差的大小与投资报酬率的绝对水平有关，因此，只有当期望报酬率相等或接近相等的情况下比较标准差的大小，才能确定风险的程度。

4.市场组合的平均投资收益率=0.6×20%+0.4×5%=14%

A股票的预期收益率=4%+0.4×（14%−4%）=8%

A股票理论价值=0.8÷8%=10（元）

5.（1）根据资本资产定价模型，建立表达式：

$20\%=5\%+\beta(10\%-5\%)$

则$\beta=3$

（2）根据资本资产定价模型，建立表达式：

$20\%=R_f+2.2\times(10\%-R_f)$

则$R_f=2\%$

6.$E(R_i)=1.5\%+1.2\times(8\%-2.5\%)+0.2\times(6\%-2.5\%)+0.15\times(2.5\%-2.5\%)=8.8\%$

7.附表5-1 财务指标的关系

证券名称	期望报酬率	标准差	与市场组合的相关系数	β值
无风险资产	0.025	0	0	0
市场组合	0.175	0.10	1.00	1.0
A股票	0.22	0.20	0.65	1.3
B股票	0.16	0.15	0.60	0.9
C股票	0.31	0.95	0.20	1.9

六、论述题

1.威廉·F.夏普所创立的资本资产定价模型（CAPM）的表达式为：

$R_i=R_f+\beta_i(R_m-R_f)$

其中，R_i代表第i种证券的必要收益率；R_f代表无风险证券收益率；β_i代表第i种证券的β系数；R_m代表将所有证券都包括在内的市场组合投资的平均收益率，它同时也是平均风险（β=1）证券的必要收益率。

资本资产定价模型揭示了资本资产在证券市场上的系统风险与证券投资收益之间的关系，这种关系可以用证券市场线来表达。

套利定价理论则是由美国学者斯蒂芬·罗斯提出的，其理论内涵在于表明证券投资收益与风险之间的多因素线性关系。按照APT模型，证券预期收益率的计算公式可以被概括为：

$E(R_i)=R_f+\beta_{i1}[E(R_{i1})-R_f]+\beta_{i2}[E(R_{i2})-R_f]+\cdots+\beta_{in}[E(R_{in})-R_f]$

其中：$E(R_i)$为证券i的预期收益率；R_f为无风险收益率；$E(R_{i1})$，$E(R_{i2})$，…，$E(R_{in})$为影响证券收益率的各个因素；β_{i1}，β_{i2}，…，β_{in}为各个影响因素的敏感系数。

由此可见，CAPM和APT都是考察证券投资系统风险与投资收益之间的关系，两者计算原理一致，但CAPM锁定的是单一因素（综合因素），APT考虑的则是多项因素（具体因素）。

2.资本成本的作用包括：①是选择资金来源、拟定筹资方案的依据；②是评价投资项目可行性的主要经济标准；③是评价企业经营成果的最低尺度。

七、案例分析题

（1）2022年的预期销售增长率=2021年的可持续增长率

可持续增长率=（500÷2 025×150÷500）÷（1−500÷2 025×150÷500）×100%=8%

（2）股利增长率=可持续增长率=8%

（3）股权资本成本=［350÷1 000×（1+8%）］÷9.45+8%=12%

净经营资产=4 075−700=3 375（万元）

债务税前资本成本=135÷1 350×100%=10%

加权平均资本成本=12%×（2 025÷3 375）+10%×（1−25%）×1 350÷3 375=10.2%

第6章　财务估价

一、单项选择题

1.B　2.B　3.A　4.D　5.B　6.C　7.D　8.A　9.A　10.D　11.A　12.C　13.B　14.D　15.A　16.B　17.B　18.C　19.D　20.B

二、多项选择题

1.BCD　2.ABD　3.ABC　4.BD　5.BCD　6.ABD　7.AB　8.AD　9.BC　10.ABD

三、判断题

1.√ 2.× 3.× 4.× 5.√ 6.×

四、计算分析题

1.（1）A债券的当前价格=1 000×（P/F，6%，5）=1 000×0.7473=747.3（元）

B债券的到期收益率与票面利率相等，所以其当前的价格等于面值，即1 000元。

C债券的当前价格=100×（P/A，6%，5）+1 000×（P/F，6%，5）

=100×4.2124+1 000×0.7473=1 168.54（元）

（2）A债券一年后的价格=1 000×（P/F，6%，4）=1 000×0.7921=792.1（元）

B债券一年后的价格还是票面价格，即1 000元。

C债券一年后的价格=100×（P/A，6%，4）+1 000×（P/F，6%，4）

=100×3.4651+1 000×0.7921=1 138.61（元）

（3）投资A债券的税后收益率=收益÷投资额=（792.1−747.3）×（1−20%）÷747.3×100%=4.8%

投资B债券的税后收益率=60×（1−25%）÷1 000×100%=4.5%

投资C债券的税后收益率=［100×（1−25%）+（1 138.61−1 168.54）+（1 168.54−1 138.61）×20%］÷1 168.54

=4.37%

2.（1）V_M=0.15×（1+6%）÷（10%−6%）=3.98（元）

V_N=0.6÷10%=6（元）

L公司预期第一年的股利=0.2×（1+14%）=0.23（元）

L公司预期第二年的股利=0.23×（1+14%）=0.26（元）

L公司预期第三年的股利=0.26×（1+5%）=0.27（元）

V_L=0.23×（P/F，10%，1）+0.26×（P/F，10%，2）+0.27×（P/F，10%，3）+0.27×（1+2%）÷（10%−2%）×（P/F，10%，3）=3.21（元）

（2）由于M公司股票价值高于其市值，而N和L公司的股票价值均低于其各自的市值，因此，甲公司应当购买M公司的股票。

3.（1）股票的必要报酬率=2%+1.5×（6%−2%）=8%

股票的价值=0.2×（P/F，8%，1）+0.4×（P/F，8%，2）+（0.65+4.85）×（P/F，8%，3）

=0.2×0.9259+0.4×0.8573+5.5×0.7938=4.89（元）

所以，当股票价格低于4.89元时，投资者可以购买。

（2）NPV=0.2×（P/F，i，1）+0.4×（P/F，i，2）+（0.65+4.85）×（P/F，i，3）−5

当i=8%时，NPV=0.2×（P/F，8%，1）+0.4×（P/F，8%，2）+（0.65+4.85）×（P/F，8%，3）−5=−0.106

当i=6%时，NPV=0.2×（P/F，6%，1）+0.4×（P/F，6%，2）+（0.65+4.85）×（P/F，6%，3）−5=0.1625

i=6%+（0−0.1625）÷（−0.106−0.1625）×（8%−6%）=7.21%

所以，该项投资的持有期报酬率为7.21%。

4.（1）资产净投资=资产总投资−折旧摊销=（资本支出+经营营运资本增加）−折旧摊销

=（1 000+400）−900=500（万元）

股权现金流量=净利润-资产净投资×（1-负债率）=2 000-500×（1-20%）=1 600（万元）

每股股权现金流量=1 600÷1 000=1.6（元）

每股股权价值=1.6×（1+5%）÷（10%-5%）=33.6（元）

（2）设每股股权现金流量为x，则：

$$\frac{x(1+6\%)}{10\%-6\%}=33.6$$

解得：x=1.27（元）

股权净投资=净利润-股权现金流量=2 000-1.27×1 000=730（万元）

5.（1）税前利润=500÷25%=2 000（万元）

税后利润=2 000-500=1 500（万元）

可分配利润=1 500×（1-20%）=1 200（万元）

（2）每股收益=1 500÷1 000=1.5（元）

实际市盈率=36÷1.5=24

预计市盈率=24×（1-25%）=18

（3）新增股票的发行价格=0.7×18=12.6（元/股）

6.债券的发行价格=50×10%×（P/A，4%，10）+50×（P/F，4%，10）

=5×8.1109+50×0.6756=74.33（万元）

7.股利的增长率=股票价格增长率=（20-18.87）÷18.87×100%=5.99%

股票的内在价值=2×（1+5.99%）÷（15.99%-5.99%）=21.20（元/股）

8.方案一：半年的利率=40÷1 000×100%=4%

有效年利率=$(1+4\%)^2-1$=8.16%

方案二：1 000=250×（P/A，i，5）

当i=8%时，250×3.9927=998.175

当i=7%时，250×4.1002=1 025.05

所以，

（i-7%）÷（8%-7%）=（1 000-1 025.05）÷（998.175-1 025.05）

得到，

i=7.93%

方案三：1000×（1-10%）=（80-1 000×10%×3%）×（P/A，i，5）+1000×（1-10%）×（P/F，i，5）

即900=77×（P/A，i，5）+900×（P/F，i，5）

当i=8%时，77×（P/A，i，5）+900×（P/F，i，5）=77×3.9927+900×0.6806=919.98

当i=9%时，77×（P/A，i，5）+900×（P/F，i，5）=77×3.8897+900×0.6499=884.42

所以，

（i-8%）÷（9%-8%）=（900-919.98）÷（884.42-919.98）

得到，

i=8.56%

或：i=（80-100×3%）÷［1 000×（1-10%）］=8.56%

由于方案二的资本成本最低，所以甲公司应当选择方案二。

9. 该公司股票价值 $PV=1.15\times(1+18\%)\div(1+12\%)+1.15\times(1+18\%)^2\div(1+12\%)^2+1.15\times(1+18\%)^2\times(1+15\%)\div(1+12\%)^3+1.15\times(1+18\%)^2\times(1+15\%)\times(1+6\%)\div[(1+12\%)^3\times(12\%-6\%)]=26.95$（元/股）

10. 每年的税后经营利润=800×（1−25%）=600（万元）

第一年实体现金流量=600−100=500（万元）

第二年实体现金流量=600−0=600（万元）

企业实体价值=500÷（1+8%）+600÷8%÷（1+8%）=7 407.41（万元）

五、综合题

（1）编制预计报表见附表6−1、附表6−2。

附表6−1　预计利润表　单位：万元

项目 \ 年份	2020年	2021年	2022年	2023年	2024年
销售收入	2 000	2 140	2289.80	2 450.09	2 572.59
税前经营利润	200	214	228.98	245.01	257.26
税后经营利润	150	160.50	171.74	183.76	192.95
税后净债务利息	20	4	0.54	0	0
净利润	130	156.50	171.20	183.76	192.95
减：应付普通股股利	0	0	82.80	103.61	131.70
本期留存收益	130	156.50	88.40	80.15	61.25

附表6−2　预计资产负债表　单位：万元

项目 \ 年份	2020年	2021年	2022年	2023年	2024年
经营营运资本	400	428	457.96	490.02	514.52
固定资产	600	642	686.94	735.03	771.78
投资资本总计	1 000	1 070	1 144.90	1 225.05	1 286.30
净负债	100	13.50	0	0	0
股本	600	600	600	600	600
年初未分配利润	170	300	456.50	544.90	625.05
本期利润留存	130	156.50	88.40	80.15	61.25
年末未分配利润	300	456.50	544.90	625.05	686.30
股东权益合计	900	1 056.50	1 144.90	1 225.05	1 286.30
净负债和股东权益	1 000	1 070	1 144.90	1 225.05	1 286.30

2020年：

税前经营利润÷销售收入=200÷2 000×100%=10%

经营营运资本÷销售收入=400÷2 000×100%=20%

固定资产÷销售收入=600÷2 000×100%=30%

2021年：

销售收入=2 000×（1+7%）=2 140（万元）

税前经营利润=销售收入×10%=2 140×10%=214（万元）

税后经营利润=税前经营利润×（1−25%）=214×75%=160.50（万元）

税后净债务利息=年初净负债×4%=100×4%=4（万元）

净利润=税后经营利润−税后净负债利息=160.50−4=156.50（万元）

经营营运资本=销售收入×20%=2 140×20%=428（万元）

固定资产=销售收入×30%=2 140×30%=642（万元）

投资资产总计=经营营运资本+固定资产=428+642=1 070（万元）

净投资=年末投资资本−年初投资资本=1 070−1 000=70（万元）

还款前剩余资金=净利润−净投资=156.50−70=86.50（万元）

因为86.5＜100，因此，归还借款86.50万元。

年末净负债=100−86.50=13.50（万元）

2022年：

销售收入=2 140×（1+7%）=2 289.80（万元）

税前经营利润=销售收入×10%=2 289.80×10%=228.98（万元）

税后经营利润=税前经营利润×（1−25%）=228.98×75%=171.74（万元）

税后净债务利息=年初净负债×4%=13.50×4%=0.54（万元）

净利润=税后经营利润−税后净负债利息=171.74−0.54=171.20（万元）

经营营运资本=销售收入×20%=2 289.80×20%=457.96（万元）

固定资产=销售收入×30%=2 289.80×30%=686.94（万元）

投资资产总计=经营营运资本+固定资产=457.96+686.94=1 144.90（万元）

净投资=年末投资资本−年初投资资本=1 144.90−1 070=74.90（万元）

还款前剩余资金=净利润−净投资=171.20−74.90=96.30（万元）

因为96.30＞13.50，因此，归还借款13.5万元。

支付股利=96.30−13.50=82.80（万元）

本期留存收益=净利润−应付普通股股利=171.20−82.80=88.40（万元）

2023年：

销售收入=2 289.80×（1+7%）=2 450.09（万元）

税前经营利润=销售收入×10%=2 450.09×10%=245.01（万元）

税后经营利润=税前经营利润×（1−25%）=245.01×75%=183.76（万元）

税后净债务利息=年初净负债×4%=0

净利润=税后经营利润−税后净负债利息=183.76−0=183.76（万元）

经营营运资本=销售收入×20%=2 450.09×20%=490.02（万元）

固定资产=销售收入×30%=2 450.09×30%=735.03（万元）

投资资产总计=经营营运资本+固定资产=490.02+735.03=1 225.05（万元）

净投资=年末投资资本-年初投资资本=1 225.05-1 144.90=80.15（万元）

剩余资金=净利润-净投资=183.76-80.15=103.61（万元）

支付股利=103.61万元

本期留存收益=净利润-应付普通股股利=183.76-103.61=80.15（万元）

2024年：

销售收入=2 450.09×（1+5%）=2 572.59（万元）

税前经营利润=销售收入×10%=2 572.59×10%=257.26（万元）

税后经营利润=税前经营利润×（1-25%）=257.26×75%=192.95（万元）

税后净债务利息=年初净负债×4%=0

净利润=税后经营利润-税后净负债利息=192.95-0=192.95（万元）

经营营运资本=销售收入×20%=2 572.59×20%=514.52（万元）

固定资产=销售收入×30%=2 572.59×30%=771.78（万元）

投资资产总计=经营营运资本+固定资产=514.52+771.78=1 286.30（万元）

净投资=年末投资资本-年初投资资本=1 286.30-1 225.05=61.25（万元）

剩余资金=净利润-净投资=192.95-61.25=131.70（万元）

支付股利=131.70万元

本期留存收益=净利润-应付普通股股利=192.95-131.70=61.25（万元）

（2）实体价值=预测期现金流量现值+后续期价值

=150+（160.50-70）×（P/F，11%，1）+（171.74-74.9）×（P/F，11%，2）+（183.76-80.15）×（P/F，10%，3）+（192.95-61.25）×（P/F，10%，4）+（192.95-61.25）×（1+5%）÷（10%-5%）×（P/F，10%，4）

=2 366.89（万元）

股权价值=实体价值-债务价值=2 366.89-100=2 266.89（万元）

每股股权价值=2 266.89÷500= 4.53（元）

因为4.53 > 4，因此，A公司股票被市场低估了。

第7章　财务计划与财务预测

一、单项选择题

1.D　2.A　3.A　4.D　5.B　6.C　7.B　8.A　9.B　10.B　11.C　12.D　13.B　14.B　15.D　16.D　17.B　18.B　19.D　20.A

二、多项选择题

1.ABD　2.ACE　3.ABCD　4.ABDE　5.ABCD　6.ABC　7.ABCD　8.ABCDE　9.ABCDE　10.BC

三、判断题

1.×　2.×　3.×　4.√　5.×　6.×　7.√　8.×　9.√　10.×

四、简答题

1.财务计划对企业战略实施主要起到以下作用：

（1）财务计划有利于配置资源。

（2）财务计划有利于制定企业“政策”。

（3）财务计划的实施有利于建立年度目标。

2.销售预测的作用如下：

（1）通过销售预测，可以调动销售人员的积极性，促使产品尽早实现销售，以完成从使用价值向价值的转变过程。

（2）企业可以销定产，根据销售预测资料，安排生产，避免产品积压。

（3）能合理有效管理产品库存，经过预测可对产品设立库存预警，对生产进度的安排具有指导意义。

（4）经过销售预测后，企业可对产品的补货安排提供参考数据。

3.财务计划的基本内容包括：销售额的预测；预测报表；资产需要量；资金需要量；调节变量；经济假设。

4.采用销售百分比法进行预测时，要注意以下内容：

（1）流动资产和流动负债项目

销售属于经营性活动，流动资产和流动负债中属于经营活动部分的资产和负债，一般会随着销售量的增加而同比例增加，因此，要计算出基期这些项目占销售收入的百分比。在流动资产中除了交易性金融资产均属于经营性流动资产；在流动负债中，短期借款和交易性金融负债属于金融性流动负债，其余项目均属于经营性流动负债。

（2）固定资产类项目

固定资产类项目代表了企业的生产能力，如果企业生产能力饱和，在新的计划期内，就需要新增投资，这时固定资产类项目会与销售额成一定比例；反之，如果企业生产力不足，在计划期内不管是否需要增加销售量都不需要增加固定资产，此时，固定资产保持不变。

（3）无形资产、长期投资、其他资产、长期负债等项目

这些项目不能简单确认为与销售额成固定比率，对于这些项目的预测往往需要根据企业的实际情况具体分析。比如，可以根据无形资产购置合同和企业战略判断无形资产是否发生变化，可以根据历史资料计算长期投资占总资产比例，判断长期投资的变化趋势，可以根据长期投资类型判断该类资产可能的变动程度，还可以根据融资政策预测长期负债的变动情况。

（4）股利政策

股利支付既可以影响计划期留存收益的大小，又可以影响计划期的融资计划，因此，股利政策的预计是实现报表平衡和建立报表间钩稽关系的关键预测。股利政策类型包括：固定股利政策、固定支付率股利政策、固定增长股利政策、剩余股利政策。在计划期内企业如何分配股利，取决于股东大会的决议。在预计财务报表时可以根据历史资料判断未来股利支付的趋势。一般而言，在销售持续增长的情况

下，股利支付额也会不断增加。

5.销售预测的基本程序如下：

（1）确定预测目标

销售预测是以产品的销售为中心的，产品的销售本身就是一个复杂的系统，有关的系统变量很多，如：市场需求潜量、市场占有率、产品的售价等。这些变量对预测资料的要求以及预测方法的选择都有所不同。所以，预测目标的确定是销售预测的主要问题。

（2）收集和分析资料

在预测目标确定以后，为满足预测工作的要求，必须收集与预测目标有关的资料，所收集到的资料的充足与可靠程度对预测结果的准确性会产生重要影响。所以，对收集的资料必须进行分析，并满足以下条件：

第一，资料的针对性，即所收集的资料必须与预期目标的要求一致。

第二，资料的真实性，即所收集的资料必须是从实际中得来的，并对资料的真实性加以核实。

第三，资料的完整性，资料的完整性直接影响销售预测工作的进行。所以，必须采取各种方法，以保证资料的完整性。

第四，资料的可比性，对于同一种资料，来源不同，统计口径不同，也可能差别很大。所以在收集资料时，对所得到的资料必须进行分析，如剔除一些因随机事件而产生的不真实的资料，对不具备可比性的资料要通过分析进行调整等，以避免因资料本身的原因使预测结果产生误差。

五、计算分析题

1.附表 7-1　　**医疗器械产品实际销售量和预测值表**　　单位：台

月份	实际销量	三个月移动平均值（n=3）	四个月移动平均值（n=4）
1	100 150	—	—
2	130 180	—	—
3	150 210	—	—
4	180 220	（100 150+130 180+150 210）÷3=126 847	—
5	200 230	（130 180+150 210+180 220）÷3=153 537	（100 150+130 180+150 210+180 220）÷4=140 190
6	220 220	（150 210+180 220+200 230）÷3=176 887	（130 180+150 210+180 220+200 230）÷4=165 210
7	230 250	（180 220+200 230+220 220）÷3=200 224	（150 210+180 220+200 230+220 220）÷4=187720
8	250 240	（200 230+220 220+230 250）÷3=216 900	（180 220+200 230+220 220+230 250）÷4=207 730
9	270 250	（220 220+230 250+250 240）÷3=233 570	（200 230+220 220+230 250+250 240）÷4=225 235
10	260 260	（230 250+250 240+270 250）÷3=250 247	（220 220+230 250+250 240+270 250）÷4=242 740
11	270 280	（250 240+270 250+260 260）÷3=260 250	（230 250+250 240+270 250+260 260）÷4=252 750
12	300 290	（270 250+260 260+270 280）÷3=266 930	（250 240+270 250+260 260+270 280）÷4=262 758

2. 附表 7-2　　**实际销售额与预测销售额**　　单位：万元

月份（t）	实际销售额（D_{t-1}）	$\alpha \cdot D_{t-1}$ ①	$(1-\alpha) \cdot x_{t-1}$ ②	x_t ③=①+②
1	250	—	—	280
2	280	150	100	250
3	260	168	112	280
4	290	156	104	260
5		174	116	290

3. 附表 7-3　　**实际销售量资料表**

年 度	轮胎销售量（万只）y	越野车销售量（万辆）x	xy	x^2
2017年	2 300	220	506 000	48 400
2018年	2 700	340	918 000	115 600
2019年	2 890	280	809 200	78 400
2020年	3 010	320	963 200	102 400
2021年	3 100	340	1 054 000	115 600
合计	14 000	1 500	4 250 400	460 400

$$b = \frac{5 \times 4\,250\,400 - 1\,500 \times 14\,000}{5 \times 460\,400 - 1\,500^2} = 4.85$$

$$a = \frac{14\,000 - 4.85 \times 1\,500}{5} = 1\,345$$

则可以建立回归模型：

$y = 1\,345 + 4.85 \cdot x$

由于该公司2022年该地区的越野汽车销售量预计为280万辆，则该公司2022年轮胎的销售量为：

$y=1\,345+4.85 \times 280=2\,703$（万辆）

4.（1）

附表7-4　　R公司资产负债表（简化式）　　金额单位：万元

资产项目	2021年	占销售额的百分比（%）	负债和所有者权益项目	2021年	占销售额的百分比（%）
货币资金	57 027	0.54%	短期借款	402 328	3.83%
交易性金融资产	11 700	—	交易性金融负债	2 163	—
应收账款	2 106 364	20.05%	应付账款	828 649	7.89%
存货	2 031 842	19.34%	流动负债合计	1 233 140	11.74%
流动资产合计	4 206 933	39.93%	长期借款	236 000	—
长期股权投资	213 896	2.04%	专项应付款	2 341	0.02%
投资性房地产	23 267	0.22%	非流动负债合计	238 341	—
固定资产	2 875 197	27.36%	负债合计	1 471 481	—
非流动资产合计	3 112 360	29.62%	股本	200 000	
			留存收益	5 647 812	—
			所有者权益合计	5 847 812	—
资产总计	7 319 293	69.54%（扣除交易性金融资产）	负债和所有者权益总计	7 319 293	—

外部新增融资额=10 507 720×10%×（69.54%−11.74%）−10 507 720×（1+10%）×10%×50%
=29 421.62

（2）内含增长率 $=\dfrac{10\%\times(1-50\%)}{69.54\%-11.74\%-10\%\times(1-50\%)}\times100\%=9.47\%$

（3）可持续增长率 $=\dfrac{10\%\times(1-50\%)\times(1+1\,471\,481\div5\,847\,812)}{69.54\%-11.74\%-10\%\times(1-50\%)\times(1+1\,471\,481\div5\,847\,812)}\times100\%$
$=12.14\%$

5.附表7-5　　预计利润表　　单位：万元

项目	预测方法	2021年	2022年预测数
销售收入	增长率（10%）	2 476	2 723.6
销售成本	占销售收入百分比（75%）	1 857	2 042.7
毛利	会计定义	619	680.9
管理费用	增长率（5%）	242	254.1
其中：折旧	增长率（10%）	80	88
息税前利润	会计定义	377	426.8
利息	短期借款×6%+长期借款×10%	100	21.88
税前利润	会计定义	277	404.92
所得税（25%）	会计定义	69.25	101.23
净利润	会计定义	207.75	303.69
股利	股利政策（60%）	124.65	182.21
留存收益	本年净利润−股利	83.1	121.48

附表 7-6　　**预计资产负债表**　　单位：万元

项　目	预测方法	2021年	2022年预测数
资产			
货币资金	占销售收入百分比（1.5%）	37.14	40.85
交易性金融资产	保持不变	230.00	230.00
应收账款	周转天数（60）	412.67	401.36
存货	周转天数（120）	825.33	517.81
流动资产合计	会计定义	1 505.14	1 190.02
长期股权投资	保持不变	650.00	650.00
投资性房地产	保持不变	136.00	136.00
固定资产	占销售收入百分比（28%）	693.28	762.61
非流动资产合计	会计定义	1 479.28	1 548.61
资产总计	会计定义	2 984.42	2 738.63
负债和所有者权益			
短期借款	占销售收入百分比（10%）	247.60	272.36
交易性金融负债	保持不变	26.00	26.00
应付账款	周转天数（90）	619.00	724.15
流动负债合计	会计定义	892.60	1 022.51
长期借款	调整变量（资产总额-所有者权益合计-流动负债合计-专项应付款）	555	55.34
专项应付款	占销售收入百分比（1%）	24.76	27.24
非流动负债合计	会计定义	579.76	82.58
负债合计	会计定义	1 472.36	1 105.09
股本	保持不变	1 000.00	1 000.00
累计留存收益	上年留存收益+本年留存收益	512.06	633.54
所有者权益合计	会计定义	1 512.06	1 633.54
负债和所有者权益总计	会计定义	2 984.42	2 738.63

在编制预计资产负债表时，首先令长期借款保持不变，根据第二列的预测方法预测其他报表项目后，会出现资产总计大于负债和所有者权益总计的情况，这说明企业2022年需要进行外部融资，根据题意外部融资额由长期借款来满足，因此，倒推出“长期借款=资产总额-所有者权益合计-流动负债合计-专项应付款”。如果获得新的长期借款，则财务费用会随之增加，净利润就会减少，留存收益会减少，则资产负债表的所有者权益合计减少，外部新增融资额又会增加，从而产生循环计算过程。为了实现资产负债表的平衡，对于循环计算可以利用Excel表中的“公式”→“启用迭代计算”来实现报表的自动平衡。本题中预计利润表和预计资产负债表是利用Excel表实现自动平衡的结果。

六、论述题

在编制预计利润表时，财务费用的预测可根据资产负债表的短期借款和长期借款按以下公式确定：

财务费用=短期借款×短期利率+长期借款×长期利率

对于借款较少，货币资金较多的企业来说，财务费用往往会是负数，此时，对于财务费用的预测，还应该考虑货币资金存款利息对财务费用的减项作用，此时财务费用的预测可按以下公式计算：

财务费用=短期借款×短期利率+长期借款×长期利率-货币资金×存款利率

在编制预计资产负债表时，调整变量为长期借款，其计算公式为：

长期借款=资产总额-流动负债合计-所有者权益合计-专项应付款-其他非流动负债

预计利润表和预计资产负债表的钩稽关系主要包括：

第一，利息需要根据资产负债表中的短期借款和长期借款的预测来确定，当预计资产负债表中的短期借款和长期借款预测完成时，利息也会随之发生变化，这就是利润表和资产负债表的钩稽关系之一。

第二，预计资产负债表的留存收益等于期初留存收益加上预计利润表的当期留存收益，这是预计利润表和资产负债表的另一个钩稽关系。

七、案例分析题

附表7-7　**预计利润表**　单位：万元

项目	实际值	预测方法	预测值				
	2020年		2021年	2022年	2023年	2024年	2025年
营业收入	1 665 285	按表7-7增长	1 998 343	2 457 961	2 900 394	3 335 454	3 668 999
营业成本	282 348	营业成本率固定	338 818	416 746	491 761	565 525	622 077
税金及附加	222 357	占营业收入13.35%	266 779	328 138	387 203	445 283	489 811
销售费用	309 066	按表7-7增长	333 791	360 494	385 729	408 872	429 316

续表

项目	实际值	预测方法	预测值				
	2020年		2021年	2022年	2023年	2024年	2025年
管理费用	84 445	按表7-7增长	89 512	95 778	100 567	103 584	105 656
研发费用	8 586	占营业收入0.52%	10 391	12 781	15 082	17 344	19 079
息税前利润	758 483	会计定义	959 051	1 244 024	1 520 053	1 794 845	2 003 060
财务费用	-13 245	短期借款×短期借款利率+长期借款×长期借款利率-货币资金×存款利率	-14 987	-9 264	-28 998	-33 442	-49 223
非正常性损益	22 175	按表7-7增长	22 397	22 621	22 960	23 075	23 190
总利润	793 903	会计定义	996 435	1 275 909	1 572 012	1 851 362	2 075 473
所得税	198 051	所得税税率25%	249 109	318 977	393 003	462 840	518 868
净利润	595 852	会计定义	747 327	956 932	1 179 009	1 388 521	1 556 605
股利		按表7-7提取	224 198	334 926	471 604	624 835	778 302
盈余公积金		提取比率7%	52 313	66 985	82 531	97 197	108 962

附表7-8　　**预计资产负债表**　　金额单位：万元

项目	实际值	预测值					
	2020年	预测方法	2021年	2022年	2023年	2024年	2025年
货币资金	1 162 487	占营业收入70%	1 398 840	1 720 573	2 030 276	2 334 817	3 123 869
应收账款	321 088	平均周转天数46.5天	188 079	438 196	300 808	549 047	385 794
预付款项	7 469	占营业收入0.3%	5 995	7 374	8 701	10 006	11 007
其他应收款	12 703	占营业收入0.53%	10 591	13 027	15 372	17 678	19 446
存货	469 566	占营业收入27%	539 552	663 650	783 106	900 572	990 630
其他流动资产	15 657	占营业收入0.85%	16 986	20 893	24 653	28 351	31 186
流动资产合计	1 988 970	会计定义	2 160 043	2 863 713	3 162 917	3 840 473	4 561 932
长期股权投资	247 767	占营业收入12.47%	249 193	306 508	361 679	415 931	457 524
其他权益工具投资	34 716	占营业收入1.5%	29 975	36 869	43 506	50 032	55 035
固定资产及在建工程	889 924	占营业收入42%	839 304	1 032 344	1 218 166	1 400 890	1 540 980
无形资产	265 712	占营业收入22.08%	441 234	542 718	640 407	736 468	810 115
其他非流动资产	73 832	占营业收入3%	59 950	73 739	87 012	100 064	110 070
非流动资产合计	1 511 951	会计定义	1 619 657	1 992 178	2 350 770	2 703 385	2 973 724

续表

项目	实际值	预测值					
	2020年	预测方法	2021年	2022年	2023年	2024年	2025年
资产总计	3 500 920	会计定义	3 779 700	4 855 890	5 513 687	6 543 858	7 535 656
应付账款	440 441	占营业收入20.56%	410 859	505 357	596 321	685 769	754 346
其他经营性负债	305 267	占营业收入7.5%	149 876	184 347	217 530	250 159	275 175
其他流动负债	29 049	占营业收入1.44%	28 776	35 395	41 766	48 031	52 834
流动负债合计	774 757	会计定义	589 511	725 099	855 616	983 959	1 082 355
长期借款	0	调平变量	259 791	502 946	232 149	265 089	265 089
其他非流动负债	407 976	占营业收入1.84%	36 770	45 226	53 367	61 372	67 510
非流动负债合计	407 976	会计定义	296 561	548 173	285 516	326 461	332 598
负债合计	1 182 733	会计定义	886 072	1 273 271	1 141 132	1 310 420	1 414 953
股本及资本公积	537 359	保持不变	537 359	537 359	537 359	537 359	537 359
留存收益	1 780 827	会计定义	2 356 269	3 045 259	3 835 195	4 696 079	5 583 343
所有者权益合计	2 318 187	会计定义	2 893 628	35 82 619	4 372 555	5 233 438	6 120 703
负债与所有者权益总计	3 500 920	会计定义	3 779 700	4 855 890	5 513 687	6 543 858	7 535 656

在实现资产负债表平衡时，本例题也出现了“循环引用”的问题，处理方法见计算分析题第5题答案。

第8章　财务管理决策

一、单项选择题

1.A　2.B　3.C　4.D　5.A　6.C　7.B　8.A　9.B　10.A　11.D　12.B　13.C　14.D　15.C　16.D　17.B　18.C　19.B　20.A

二、多项选择题

1.ABDE　2.BCD　3.ABC　4.ABCD　5.ABCDE　6.BCDE　7.ABCD　8.CD　9.AC　10.ADE

三、判断题

1.√　2.×　3.×　4.√　5.√　6.×　7.×　8.√　9.×　10.√

四、简答题

1.资本投资是指具有资本支出属性的投资。其特点是：投资规模大、周期长、收益高、风险大、影响深远。

2.财务杠杆现象是指由于负债利息和优先股股息等固定资本成本的存在而引起的息税前利润变动导致普通股每股收益更大幅度的变动。财务杠杆系数是指普通股每股收益变动率相当于息税前利润变动率的倍数。

3.持有现金的动机包括：交易动机、预防动机和投机动机。其目的是：通过流动性和收益性的权衡，降低现金持有量，提高现金利用效率。

4.在不改变资本结构的前提下，将企业的净收益首先用于报酬率超过资本成本的投资项目上，在满足了这些投资项目的资金需要之后，将剩余的部分作为股利发放给股东。多剩多发、少剩少发、不剩不发。

五、计算分析题

1.（1）年折旧额=（15 500−500）÷3=5 000（元）

第一年税后利润=20 000+（10 000−400−5 000）×（1−25%）=23 450（元）

第二年税后利润=20 000+（20 000−12 000−5 000）×（1−25%）=22 250（元）

第三年税后利润=20 000+（15 000−5 000−5 000）×（1−25%）=23 750（元）

（2）按现金流量定义预测各年现金净流量。

第一年为：10 000−400−1 150=8 450（元）

第二年为：20 000−12 000−750=7 250（元）

第三年为：15 000−5 000−1 250=8 750（元）

按营业结果预测各年现金净流量。

第一年为：3 450+5 000=8 450（元）

第二年为：2 250+5 000=7 250（元）

第三年为：3 750+5 000=8 750（元）

按所得税和折旧影响预测各年现金净流量。

第一年为：（10 000−400）×（1−25%）+5 000×25%=8 450（元）

第二年为：（20 000−12 000）×（1−25%）+5 000×25%=7 250（元）

第三年为：（15 000−5 000）×（1−25%）+5 000×25%=8 750（元）

（3）投资回收期$=1+\frac{7\,050}{7\,250}=1.97$（年）

会计收益率$=\frac{(3\,450+2\,250+3\,750)\div 3}{15\,500}\times 100\%=20.32\%$

净现值=8 450×0.909+7 250×0.826+8 750×0.751−15 500=4 740.8（元）

现值指数=20 240.8÷15 500=1.31

（4）因新项目的净现值大于零，故可行。

2.（1）银行借款资本成本=8%÷（1−2%）×（1−25%）=6.12%

（2）债券资本成本=10%÷（1−3%）×（1−25%）=7.73%

（3）普通股资本成本$=\frac{2\times(1+5\%)}{20\times(1-4\%)}+5\%=15.94\%$

（4）留存收益资本成本$=\frac{2\times(1+5\%)}{20}+5\%=15.5\%$

（5）综合资本成本=6.12%×0.4+7.73%×0.3+15.94%×0.2+15.5%×0.1=9.51%

（6）15%大于9.51%，投资可行。

3.（1）财务杠杆系数=10 000 000÷（10 000 000−5 000 000）=2

（2）经营杠杆系数=6÷2=3

（3）预计每股收益=2×（1+2×10%）=2.4（元）

4.（1）设无差别息税前利润为X，则：

$$\frac{(X-50)\times 0.75}{10}=\frac{(X-20)\times 0.75}{20}=80\text{（万元）}$$

（2）A方案每股收益=（100−50）×0.75÷10=3.75（元）

B方案每股收益=（100−20）×0.75÷20 = 3（元）

结论：选择A方案。

5.（1）现金周转模式

现金周转期=80+120−155=45（天）

现金交易次数=360÷45=8（次）

现金持有量=200÷8=25（万元）

（2）存货模式

$$\text{现金持有量}=\sqrt{\frac{2\times 25\times 2\,000\,000}{0.01}}=10\text{（万元）}$$

交易次数=200÷10=20（次）

6.（1）信用成本前收益=240−240×0.6=96（万元）

（2）坏账成本=240×0.02=4.8（万元）

收账成本=1万元

机会成本=240÷12×0.6×0.1=1.2（万元）

信用成本=4.8+1+1.2=7（万元）

（3）信用成本后收益=96−7=89（万元）

六、论述题

1.剩余股利政策：既能降低综合资本成本，又考虑了公司积累和未来发展的需要，但容易导致各期股利不稳定。

固定增长股利政策：向市场传递经营良好的信息，树立公司良好形象，有利于稳定股价，便于投资者安排股利收入和支出，但股利支付与公司收益脱节。

固定股利支付率政策：股利支付与公司收益联系紧密，但股利支付极不稳定，容易导致股价下跌，动摇投资者的信心。

低正常加额外股利政策：具有一定的弹性，灵活性较强。

2.营运资本管理策略包括融资策略和持有策略。

（1）流动资产和流动负债的划分与匹配是选择融资策略的基础。

（2）融资策略包括配合型、激进型和稳健型三种。

（3）持有策略包括宽松型、紧缩型和适中型。

七、案例分析题

分析提示：高分红并不意味着高回报，尤其是对中小股东而言。从上述公司的分配方案可以看出，中小股东虽然分红比较高，但投资成本更高，因此，高分红实际上还是低回报。我国上市公司高分红往往不是出于中小股东利益的考虑，而是站在大股东利益的角度考虑。公司应该是全体股东的公司，上市公司分红应该从全体股东的利益出发，这样才有利于各方面利益关系的协调和企业的发展，才不违背职业道德和企业伦理。

第9章 财务控制

一、单项选择题

1.B 2.D 3.A 4.C 5.B 6.B 7.D 8.A 9.C 10.A 11.C 12.D 13.A 14.B 15.A 16.B 17.B 18.A 19.A 20.C

二、多项选择题

1. ABCE 2. ABCDE 3. ACDE 4. CDE 5. ABCDE 6. ABCDE 7. ACDE 8.CE 9.AD 10.ACDE

三、判断题

1.× 2.× 3.√ 4.× 5.× 6.√ 7.√ 8.× 9.× 10.×

四、简答题

1.财务控制是指财务控制主体以法律、法规、制度、财务目标为依据，通过对财务活动进行约束、指导和干预，使之按既定的计划进行，确保企业战略目标实现的过程。它是内部控制的重要组成部分，是财务管理的重要环节，并与财务预测、财务决策、财务分析等一起构成财务管理系统。财务控制的总体目标是在确保法律法规和规章制度贯彻执行的基础上，优化企业整体资源的综合配置效益。

2.财务控制的主体是对财务控制起决定作用的参与者，也就是财务控制的实施者，是以公司董事会为中心，各级经营管理者为补充，由财务部门实施具体措施的一个综合的多层次的系统。财务控制的客体是企业的财务活动及各种财务关系。

3.按照控制的内容划分，财务控制应该包括资产控制、负债控制、所有者权益控制、收入控制、费用控制和利润控制。

4.资产控制的内容包括现金控制、银行存款控制、应收款项控制、存货控制、长期投资控制、固定资产控制、无形资产控制及其他资产控制等。资产控制的目标为保证资产的安全性和完整性、保证资产计价的正确性、提高资产使用效率以及合理确定流动资产的持有量。

5.所有者权益控制的内容可以从经营者和出资人这两个控制主体的角度来加以分析，包括经营者的所有者权益控制和出资人的所有者权益控制。所有者权益控制的特点包括：所有者权益控制主体的双重性、所有者权益控制与资产控制和负债控制的关联性以及所有者权益控制内容的复杂性。

五、论述题

1.企业实施财务控制的方法包括法规制度控制、授权书控制、预算控制、内部报告控制及财务结算中心控制。

其中：法规制度控制是指在实施财务控制时，要严格遵循国家相关法律法规的要求，如《中华人民共和国会计法》《中华人民共和国票据法》《中华人民共和国公司法》等。授权书控制是指在某项财务活动发生之前，按照既定的程序对其正确性、合理性、合法性加以核准，并确定是否准予其发生所进行的控制。预算控制是指通过预算的形式规范组织的目标和经济行为过程，调整与修正管理行为与目标偏差，保证各级目标、策略、政策和规划的实现。内部报告控制要求企业建立、完善内部报告制度，明确相关信息的收集、分析、报告和处理程序，及时提供业务活动中的重要信息，全面反映经济活动情况，增强内部管理的时效性和针对性。财务结算中心是办理内部各成员，或分、子公司现金收付和往来结算业务的专门机构，它通常设立于财务部门内，是一个独立运行的职能机构，负责实时监控和掌握体系内资金的流转信息，及时发现资金流转中出现的异常状况，并向集团公司管理层上报并及时采取相关措施。

2.利润控制主要包括利润总额控制、利润构成控制、净利润控制和利润分配控制等。

（1）利润总额控制

利润总额是企业在一定时期内实现盈亏的总额，集中反映企业生产经营活动各方面的效益，是企业最终的财务成果，是衡量企业生产经营管理的重要综合指标。利润总额如果是正数，则表示企业盈利；如果是负数，则表示企业亏损。如果亏损的企业不能及时消除不利因素以实现扭亏为盈，最终将会面临破产或者被兼并的命运。因此，任何单位在生产经营活动中都不能忽视对利润总额的财务控制。

（2）利润构成控制

企业的利润总额一般包括四项：营业利润、投资净收益、营业外收支净额和补贴收入。其中，营业利润是指企业生产经营活动产生的经营成果，由主营业务利润、其他业务利润和期间费用构成；投资净收益是指企业对外投资所获得的投资收入扣除投资损失后的余额；营业外收支净额是指与企业的生产经营活动没有直接关系的各项收支；补贴收入是指企业收到的各种补贴收入，包括国家拨入的亏损补贴、退还的增值税税额等。

（3）净利润控制

企业的净利润等于利润总额减掉所得税。按照现行财务制度规定，企业利润总额按照国家规定的调整项目进行相应调整后要依法缴纳所得税，因此，企业对净利润进行控制主要就是要对所得税进行控制。

（4）利润分配控制

利润分配是将企业实现的净利润，按照国家财务制度规定的分配形式和分配顺序，在企业和投资者之间进行分配。按照《中华人民共和国公司法》等有关法规的规定，企业当年实现的净利润一般应按照下列顺序进行分配：第一，计算可供分配的利润。如果可供分配的利润为负，则不能进行后续分配。第二，提取法定盈余公积。当法定盈余公积已达注册资本的50%时，企业可不再提取。第三，提取任意盈余公积。其计提标准由股东大会确定，如确因需要，经股东大会同意后，也可用于分配。第四，向投资者分配利润。

六、案例分析题

这两家公司财务总监和销售总监的做法代表了大多数公司的费用控制类型，虽然比较极端，但各有各的理由。

第一，从甲公司财务总监的角度出发，其关注的是预算的制定和执行，预算是费用控制的手段。

第二，从甲公司销售总监的角度出发，其关注的是销售人员的积极性，更多地考虑每一笔成本费用的背后是公司的业务活动和人员。预算作用的发挥不能仅考虑成本为什么会超支，应考虑成本是因为客户的需求而产生的，有没有创造新的客户并产生价值，有没有不应该发生的损失等。预算要以人为本。

第三，从乙公司财务总监的角度出发，其关注的是“利润是公司的最终目标”，利润是最终的导向和考核标准。公司的各项业务都是为了确保公司战略目标的实现，与战略目标相背离的支出都应被拒绝。

第四，从乙公司销售总监的角度出发，认为开源与节流是同样重要的。

总之，预算不应该是一成不变的，而是应该根据市场环境改变，根据公司目标实现情况动态调整的。财务人员需要判断的不是费用在不在预算范围内，而是费用发生的合理性和真实性。好的预算管理，能将公司战略以数据化的形式落实于个人，实现战略落地。好的预算管理，不是处处“削减成本”，而是“节约成本”，前者是少花钱，后者是为实现目标提供更合理的支援。

第10章 国际财务管理

一、单项选择题

1.D 2.A 3.C 4.D 5.C 6.B 7.C 8.B 9.C 10.C 11.C 12.D 13.D 14.B 15.A 16.C 17.A 18.C 19.A 20.D

二、多项选择题

1.ABCD 2.ABCE 3.ABCDE 4.ABCDE 5.ABC 6.ABCD 7.ABE 8.AB 9.ABCD 10.ABCDE

三、判断题

1.√ 2.× 3.√ 4.× 5.× 6.√ 7.× 8.√ 9.√ 10.√

四、简答题

1.（1）商品进出口交易的外汇风险；

（2）外汇借款的汇率风险；

（3）远期外汇交易的汇率风险。

2.企业管理交易风险面临的三项任务包括：第一，测定交易风险的程度；第二，决定是否对该风险套期保值；第三，如果决定部分或全部对风险进行套期保值，则需要选择合适的套期保值方法。

3.外汇风险的管理策略有资产负债表避险策略、合约性避险策略和经营性避险策略。

4.国际投资的特点包括：（1）投资动机的多元性；（2）资金流动的多样性；（3）投资主体代表的民族性；（4）投资计价货币的多样性；（5）投资风险的多重性；（6）投资环境的复杂性。

五、计算分析题

1.购入的英镑金额=1 000 000÷1 009.48=990.61（百英镑）

卖出英镑获得的人民币金额=990.61×1 016.26=1 006 717.32（百元）

地点套利获利=1 006 717.32-1 000 000=6 717.32（百元）

2.（1）2 000万元人民币兑换成美元为317.46万美元（2 000÷6.3）。

（2）借出美元到期本息和=317.46×（1+2.25%÷12）=318.055（万美元）

（3）30日美元兑换成人民币=318.055×6.35=2 019.649（万元）

（4）归还人民币贷款到期本息和=2 000×（1+2.84%÷12）=2 004.733（万元）

（5）投机套利=2 019.649-2 004.733=14.916（万元）

六、论述题

国际直接投资面临的风险包括：

1.政治风险

政治风险是指东道国未能预测到的政策因素变化，给国际投资活动带来的风险。影响政治风险的因素主要有以下几个方面：

（1）战争因素。如果东道国处于战争边缘或战争已经爆发，这会使安全的生产环境受到威胁，跨国公司的员工人身安全无法得到保障，生产将无法正常进行。

（2）转移风险。转移风险可能使母公司因无法收回子公司收益而资金紧张，进而影响母公司的正常运营，甚至出现倒闭的情况。

（3）东道国政府对外国投资的态度。这一因素往往会影响东道国对外国投资企业的政策。东道国的态度一般具有两面性。一方面，东道国政府希望引进外国的资本、先进的技术和丰富的管理经验来发展本国的经济；另一方面，东道国政府担心外国投资过多，会造成外国资本比例过大，导致当地经济被垄断、稀缺资源被垄断，影响本国民族企业的发展等。这时东道国会采取限制性措施，或消极抵制外国投资的态度。

2.经济风险

经济风险是指东道国经济上的因素，给国际投资活动造成的风险。它是影响国际直接投资最直接、最基本的风险。按经济风险影响范围大小，可将其分为宏观经济风险和微观经济风险，其中宏观经济风险在直接投资中更应受到关注。宏观经济风险主要指东道国的经济情况发生变化对国际直接投资的影响。微观经济风险是指只对某一跨国公司的经营生产产生影响的经济风险，如公司原材料的供应情况、公司产品的销售情况、公司所处行业的风险等。

3.自然风险

自然风险是指意外的自然因素造成的风险，如水灾、台风、地震、海啸等。这种风险对于每一个对外投资的企业而言都是有可能出现的，并且是完全不可控的。这种风险有时可能为企业带来毁灭性的灾难。

七、案例分析题

2018年，中国坚持稳中求进工作总基调，稳步实施“对外投资创新行动计划”，完善境外企业管理服务模式，积极引导有条件的企业“走出去”，对外直接投资呈现质量提升、行业优化、对“一带一路”高质量投资增加等新亮点。

进入2019年，国际政治、经济、社会安全领域各种不稳定、不确定因素凸显，全球价值链、供应链合作屡遭破坏，全球直接投资因各国监管政策影响而频频受阻，主要国际组织对贸易争端引发的全球经济下行风险提出警示，中国国内经济下行压力增大、结构调整过程中的不利影响等因素，都为中国对外投资合作带来新的挑战。

财务管理基础模拟试题一参考答案

一、单项选择题

1.A　2.B　3.C　4.C　5.B　6.A　7.A　8.B　9.C　10.D

二、多项选择题

1.AB　2.ABC　3.ABD　4.ABE　5.ABCDE

三、判断题

1.√　2.√　3.√　4.×　5.×　6.×　7.√　8.×　9.√　10.×

四、简答题

1.（1）理财是一种有目的的行为；（2）理财人员会在众多方案中选择一个最佳方案；（3）理财人员发现正在执行的方案错误时，会及时采取措施纠正；（4）理财人员会吸取以往经验教训，学习应用新理论、新知识。

2.（1）资源合理配置原则；（2）收支动态平衡原则；（3）成本效益原则；（4）权责利结合原则；（5）兼顾各方利益原则。

3.（1）应收账款周转率；（2）存货周转率；（3）流动资产周转率；（4）固定资产周转率；（5）总资产周转率。

4.（1）选择筹资渠道拟定筹资方案的依据；（2）评价投资项目可行性的重要经济标准；（3）评价经营业绩的重要尺度；（4）影响和决策资本结构的重要因素。

五、计算分析题

1.（1）流动比率=40÷20=2

（2）速动比率=15÷20=0.75

（3）现金比率=5÷20=0.25

（4）资产周转率=400÷100=4

（5）销售毛利率=150÷400=0.375

2.（1）A股票预期收益率=4%+1.5×（10%−4%）=13%

B股票预期收益率=4%+1.2×（10%−4%）=11.2%

（2）A股票价值=2.25÷13%=17.31（元）

B股票价值=2.5×（1+5%）÷（11.2%−5%）=42.34（元）

3.（1）银行借款成本=5%×（1−25%）÷（1−2%）=3.83%

债券成本=8%×（1−25%）÷（1−3%）=6.19%

普通股成本=0.5×（1+4%）÷20×（1−5%）+4%=6.47%

（2）综合资本成本=3.83%×50%+6.19%×30%+6.47%×20%=5.07%

（3）10%大于5.07%，结论为可行。

4.（1）盈亏临界点销售量=30÷（20−11）=3.33（万件）

（2）息税前利润=10×（20−11）−30=60（万元）

（3）经营杠杆系数=90÷60=1.5

（4）财务杠杆系数=60÷（60−20−10÷0.75）=2.25

（5）总杠杆系数=1.5×2.25=3.375

六、论述题（要点提示）

（1）营运能力反映资产管理效率、运行效率和利用效率。

（2）盈利能力反映收入、资产和成本费用的盈利水平。

（3）偿债能力反映对长短期债务及利息的支付能力。

（4）营运能力越强，资产利用效率越高，盈利能力越强；盈利能力越强，且盈利又能大部分实现现金流，可增强偿债能力；营运能力越强，资产周转越快，变现速度越快，偿债能力越强。

（5）营运能力决定盈利能力和偿债能力，三者间具有内在联动关系。

财务管理基础模拟试题二参考答案

一、单项选择题

1.A 2.B 3.C 4.C 5.B 6.A 7.A 8.B 9.C 10.D

二、多项选择题

1.AB 2.ABC 3.ABD 4.ABE 5.ABCDE

三、判断题

1.√　2.√　3.√　4.×　5.×　6.×　7.√　8.×　9.√　10.×

四、简答题

1.（1）客观性；（2）时间性；（3）相对性；（4）两面性；（5）收益性。

2.财务经理的基本职责是为公司创造价值，具体职责包括：（1）组建财务机构；（2）确立财务管理体制；（3）设计财务管理制度；（4）制定财务管理政策；（5）运用财务管理工具。

3.（1）销售毛利率；（2）销售净利率；（3）资产净利率；（4）净资产收益率；（5）成本费用利润率等。

4.（1）财务估价是对一项资产价值的估计，价值是指内在价值；

（2）财务估价涉及时间价值、风险价值和现金流量三个基本观念；

（3）财务估价的基本方法是现金流量折现法；

（4）财务估价包括债券估价、股票估价和企业价值评估等；

（5）财务估价可以做出正确决策提升企业价值。

五、计算分析题

1.（1）利息保障倍数=300÷50=6

（2）每股收益=187.5÷50=3.75（元）

（3）每股股利=25÷50=0.5（元）

（4）市盈率=37.5÷3.75=10

（5）股票预期收益率=3.75÷37.5×100%=10%

2.（1）年折旧额=10÷5=2（万元）

（2）年经营现金净流量=（15−10）×（1−25%）+2=5.75（万元）

（3）投资回收期=10÷5.75=1.74（年）

（4）会计收益率=3.75÷10×100%=37.5%

（5）净现值=5.75×3.993−10=12.96（万元）

3.（1）A股票预期收益率=5%+0.8×（12%−5%）=10.6%

（2）A股票价值=2×（1+6%）÷（10.6%−6%）=46.09（元/股）

（3）结论：46.09大于40，可行。

4.（1）现金周转期=95+125−100=120（天）

现金周转率=360÷120=3（次）

现金持有量=200÷3=66.67（万元）

（2）现金持有量=$\sqrt{2\times200\times25\div1\%}$ =1 000（万元）

六、论述题（要点提示）

（1）营运资本有广义和狭义之分，广义营运资本是指企业流动资产总额，狭义营运资本又称净营运资本，是指流动资产与流动负债的差额。

（2）营运资本政策包括营运资本持有政策和营运资本融资政策两大方面。

（3）营运资本持有政策主要研究流动资产的占用或持有量的问题，包括现金持有量决策、应收账款决策和存货决策。

（4）营运资本融资政策主要研究流动资产资金需求和来源问题，包括配合型融资政策、激进型融资政策和稳健型融资政策。